善知識 24

向智尊者
領導編寫

·巴利佛典·

佛陀的聖弟子傳 IV

佛陀的女弟子與在家弟子們

Great Disciples of the Buddha

U0021266

【本書作者、英文版編者介紹】

◎作者
向智長老 (Nyanaponika Thera, 1901-1994)

向智長老是我們這個時代最重要的上座部佛教詮釋者。出生於德
國，他於一九三六年，在三界智大長老(Ven. Nyanatiloka
Mahāthera)座下受戒，直到一九九四年末去世爲止，共計度過五
十八年的比丘生活。他是康堤(Kandy)佛教出版協會的創辦人與
長期編輯。他的著作包括《佛教禪修心要》(*The Heart of
Buddhist Meditation*)、《法見》(*The Vision of Dhamma*)與《阿毗
達磨研究》(*Abhidhamma Studies*)。

何慕斯‧海克 (Hellmuth Hecker)

何慕斯‧海克是德國重要的佛教作家與巴利藏經譯者。他的著作
包含《相應部》(*Samyutta Nikāya*第四與第五部分)的德文翻譯，
以德文寫作的兩冊佛教史，以及一本德國首位佛教比丘——三界
智大長老的傳記。

◎英文版編者
菩提比丘 (Bhikkhu Bodhi)

菩提比丘是來自紐約市的美國佛教僧侶，於一九七二年在斯里蘭
卡出家。他目前是佛教出版協會(Buddhist Publication Society)的
會長與編輯。他的著作包括《包含一切見網經》(*The Discourse on
the All Embracing Net of Views*)、《阿毗達磨概要精解》(*A
Comprehensive Manual of Abhidhamma*)與《中部》(*The Middle
Length Discourses of the Buddha*，爲共同譯者)。

目次

佛陀的女弟子—— 57

【巴利佛典略語表】

本書所出現的巴利佛典經文，都將採用巴利佛典的略語來標示其出處，因此，以下列出這些慣常使用的巴利佛典略語，供讀者對照參考。

AN＝Aṅguttara Nikāya《增支部》（標示節號與經號）

Ap.＝Apadāna《譬喻經》（i＝長老譬喻，ii＝長老尼譬喻；標示章號與段落；緬甸文版）

BL.＝Buddhist Legends《佛教傳奇》（法句經注釋）

BPS＝Buddhist Publication Society佛教出版協會（康堤，斯里蘭卡）

Comy.＝Commentary註釋

Dhp.＝Dhammapada《法句經》（標示偈頌號）

DN＝Dīgha Nikāya《長部》（標示經號）

Jāt.＝Jātaka《本生經》（標示號碼）

Mil.＝Milindapañha《彌蘭陀王問經》

MN＝Majjhima Nikāya《中部》（標示經號）

PTS＝Pali Text Society巴利佛典協會（牛津，英國）

Pv.＝Petavatthu《餓鬼事經》

SN＝Saṃutta Nikāya《雜部》（標示章號與經號）

Snp.＝Suttanipāta《經集》（標示偈頌號或經號）

Thag.＝Theragāthā《長老偈》（標示偈頌號）

Thig.＝Therīgāthā《長老尼偈》（標示偈頌號）

Ud.＝Udāna《自說經》（標示章號與經號）

Vin.＝Vinaya《律部》（標示卷號與頁數）

Vism.＝Visuddhimagga《清淨道論》
　　　（The Path of Purification的章號與段落）

Vv.＝Vimānavatthu《天宮事經》（標示偈頌號）

除非特別指出，否則本書所有參考資料皆依巴利佛典協會的版本爲準。

尋找傳說的源頭

奚淞

閱讀早期佛典，不時吉光片羽閃現，令人有瞥見古代佛陀僧團的驚喜。見佛陀善巧的教導，使弟子順應個人不同因緣和個性契入法教，對後世學佛者如我，是最具啟發性的。

羅睺羅求法

在此舉《雜阿含經》二○二經紀事為例：

地點在舍衛國祇樹給孤獨園。

那天，比丘羅睺羅往詣佛陀。

羅睺羅向佛行禮，退坐一旁道：「世尊！請為我講說高深的法。如是我將擇一靜處，專精修行，證得阿羅漢果。」

在經文中，羅睺羅急欲成就的阿羅漢境界，是以「自知自證：我生已盡、梵行已立、所作已作，自知不受後有」的慧解脫標準語句道出的。

面對他年輕、充滿期盼的容顏，同時也是在教導自己披著僧服的獨子，佛陀笑了，心想：這孩子對解脫的知見還沒有成

熟啊！

「我曾多次宣說過『五蘊』原理，」佛陀說：「現有一批新進比丘，你且準備一下，去向他們詳細解說『五蘊』。至於你想聽更深奧的法，以後再告訴你。」

羅睺羅惘惘然領命去了。隔數日，為人演說完「五蘊」的羅睺羅，又來拜謁佛陀，要求「更深奧的法」。

佛陀依然是那樣慈和地微笑著的吧！他說：「別急、別急，你且先去向他們演說『六入處』，說完再來。」

在佛法分析中，「五蘊」——色、受、想、行、識，總括了身心世界，是存在的基本元素。而「六入處」則屬於另一組不同的分析法，包含「六內入處」（六根——眼、耳、鼻、舌、身、意）與「六外入處」（六塵——色、聲、香、味、觸、法），是認識上的基本元素。羅睺羅依佛陀指派，又去向大眾解說「六入處」了。

還是急著想成就阿羅漢，第三回，羅睺羅又來求法。這次，佛陀派他去講說「因緣法」，詳細分析五蘊與六處如何相因、相緣，而衍生出無止盡身心事件相續之流的原理。

說完「因緣法」的羅睺羅，顯得沉靜，若有所思。他前來拜謁佛陀，只聽得佛陀淡淡指示：「你不是一直想安靜獨自修行嗎？去吧，去把你先前講說的法義好好想一想吧！」

在祇樹給孤獨園林蔭深處的精舍裡，羅睺羅沉浸於思惟禪修

多日。此後的他，不再急證阿羅漢果，再次見到佛陀，也不要求「更深奧的法」了。

帶著無比的恭敬和喜悅，他向世尊說：「我想了又想，奇妙啊，原來世尊所經常宣說的五蘊、六入處及因緣法，正巧妙地解析了法的核心。有了這種理解，再隨觀當下身心變化的實況，時時刻刻都足以順趣流向涅槃啊！」

羅睺羅的心智終於成熟了。佛陀欣慰地端詳兩眼閃光的羅睺羅。這孩子，自十五歲由舍利弗剃度，成為僧團中最稚幼的沙彌。經多年提攜教導，從活潑少年成長為持戒精嚴的比丘。一位比丘若能謹言慎行、善守根門，再加上對「法」正確無誤的知見，就足以步上修行的坦途了。

在《雜阿含經》二〇二經的末尾，佛陀教導羅睺羅的話語重心長：「羅睺羅，努力修行吧！要知道，一切都是無常的……」是啊！生命確實一直是在無常而不圓滿（苦）的狀態下運作的。試觀五蘊，其中又何嘗有位置得以安頓一個恆常不變的「我」呢？如果修行人能不急躁、不怠惰，時時刻刻隨順六根與六塵的觸、受變化，當下現觀無常、苦、無我，把無明與貪愛一分分看透、放下，也就一步步證得寂靜、清涼，可以直抵涅槃了。

羅睺羅日後證得阿羅漢果，在佛陀身旁眾聖弟子間，得「密行第一」的美稱。在早期佛典中，相關他的記載零星微少，

卻也令我們窺見修行佛法的核心。

距離佛典原始集結，兩千五百年過去了。

難能可貴的，畢竟在佛滅後的早期經典如《阿含經》、《法句經》、《長老偈》、《長老尼偈》、《經集》等佛典中，留下不少能確實呈現原始佛教法義、佛陀與聖弟子言行，乃至於當時社會環境及思想潮流的紀錄。這些樸實而耐人尋味的片斷，其珍貴性可以用中國儒學經典《論語》相比擬。在不重史實的印度文化中，佛陀及其聖弟子率先走出神話的迷霧，其人間性非常鮮明。

不要信以為真

然而，反觀佛教發源的母土，這片啟始於自然神崇拜，孕育出堆金砌玉《摩訶婆羅多》、《羅摩衍那》長篇神話史詩的文化地區人民，一向習慣於以神話覆蓋歷史、藉寓言象徵事實。佛陀的教化及偕同聖弟子的遊化行跡，自一開始，便無可避免地在人民口耳相傳中產生差誤，或被包裹入一重重的華麗傳奇色彩中。

傳奇故事，自有其芬芳以及價值。但對後世的學佛人而言，如何理解傳奇深層的本質，而不誤執其表象，就成為重大課題了。

對於立願修行學佛而不免陷入種種紛紜傳說的人，佛陀曾提出極精警的指導。這些話語，在南傳《羯臘摩經》中，以反覆疊句呈現：

一、不可因他人的口傳，就信以為真。

二、不可因奉行傳統，就信以為真。

三、不可因是正在流傳的消息，就信以為真。

四、不可因是宗教經典、書本，就信以為真。

五、不可因根據邏輯，就信以為真。

六、不可因根據哲理，就信以為真。

七、不可因符合常識、外在推測，就信以為真。

八、不可因符合一己預設、見解、觀念，就信以為真。

九、不可因演說者的威信，就信以為真

十、不可因他是導師，就信以為真。

《羯臘摩經》語出驚人。乍見此經，彷彿否定了一切；再加探究，乃知它並非教人不聽、不看、不想，甚至不接受老師，而是教人面對一切概念都要有親身實證的精神。

經中說「不信以為真」，並不代表此事為假；但佛法修行的重心不在信，而在於親身當下的現觀和執行。有了如實現觀，「法」的真偽也就可以明辨了。即如前述《雜阿含經》羅睺羅

求法的故事中，佛陀並不以威信、導師的身分，或藉哲理推演來懾服羅睺羅，而是助成他依法現觀的心靈悟覺。這就是立定佛法修行的腳跟了。

與古聖人同行

高興得悉橡樹林文化將推出巴利佛典【佛陀的聖弟子傳】系列。此書系列根據巴利語佛典文獻，由德裔比丘、斯里蘭卡國寶級的佛教大師向智長老領導編寫，從中可以看到相關佛陀及聖弟子行跡的早期傳述風貌。在追溯佛教源頭和原點的意義上，此書提供了很大的助力。

記得德國哲學家雅斯培曾經在他的《四大聖哲》著作中說：相對於宇宙廣袤的時空，人類的兩三千年的時間算得了什麼，不過是一眨眼，就像是昨天而已。只要我們願意，就可以回到古聖人的身邊，與他們一同散步，並聆聽他們所說的言語……

但願這套巴利佛典【佛陀的聖弟子傳】系列，能提供我們如此珍貴的經驗。

活出佛法的聖弟子

楊郁文

佛陀是眾生的老師

釋迦牟尼佛陀是歷史上存在的人物，公開宣言：「我今亦是人數，父名真淨，母名摩耶。」祂是無師自覺者，又是具備覺他以及覺行圓滿者；具足無量功德而以十號——如來、應供、等正覺、明行足、善逝、世間解、無上士調御丈夫、天人師、佛、世尊——介紹自己，使人認識祂。

其中，「如來」、「無上調御丈夫」、「天人師」等三名號，表達佛陀冀望與眾生之間是以師生、師徒的關係互動。「如來」——「如」過去諸佛在人間成佛，「來」教導人、天三十七菩提分成佛的方法；「無上調御丈夫」——應該被調御的所有有情，佛陀是「最高明的調教者」；「等正覺者」是指「人天師範」。

根據南傳上座部的說法，佛陀歷經四大阿僧祇又十萬劫修習十波羅蜜多，最後一生在沒有佛法流傳的環境，無師自覺完成佛道。佛陀的大弟子們也都有一大阿僧祇又十萬劫的久遠

時間，親近諸佛修習十波羅蜜多，特別與釋尊前世以種種身分交遊往來，並曾發願受教成為佛陀座前某一特殊才能的「第一」弟子，甚至發願成為佛陀的一雙上首弟子，如尊者舍利弗與尊者目犍連。

佛陀覺悟阿耨多羅三藐三菩提(anuttara sammāsambodhi)，成為阿耨多羅三藐三佛陀（無上正等正覺者），「三菩提」(sambodhi)是自受用，用以究竟解脫有情自己的惑、業、苦；「阿耨多羅三藐三菩提」是利他，用以教化他人成就「三菩提」，即人人以己力究竟解脫有情自己的惑、業、苦。佛陀的聖弟子們，接受佛陀的教導，因此才得以完成「三菩提」，自作證究竟涅槃。

如實知佛陀的「十號」的法說（總說）與義說（分別解釋），必定產生正見、正志、正行，見聖思齊，發願成佛。經歷親近善士、聽聞正法、內正思惟、法次法向四預流支，獲得聞、思、修、證，乃至具足信、解、行、證的法門。首先，由於念佛、念法、念僧而了解佛、法、僧三寶的功德，法眼淨而見法、見道，並成就「四不壞淨」——於佛、法、僧、戒信根不壞。之後，開發信、進、念、定、慧五出世根，仍然需要佛陀及聖弟子們的指導，依法奉行，修習、多修習，乃至圓滿佛道。

經典中的聖弟子

正法由佛說出，藉聖弟子們向四方傳播、向後代傳承；弟子們應用佛陀的教授、教誡，實際在日常生活的改過遷善、宗教生活離染趣淨，如此活用佛法，佛法才有生命，正法就能長存人間。

聖弟子活出佛法，自己體驗佛法的實用性與有效性；以身、口、意作三示導，傳播佛法於他人，以自己的成就回報佛陀的教導，印證佛陀是有情界最偉大的教師，值得眾生親近的究竟善士。聖弟子們具足佛德，尚須三大阿僧祇劫的時空歷練，可是現前既成的品德已足以引人羨慕，作為他人效法的模範。因此，佛陀適時介紹種種「第一」聖弟子於大眾。結集經典的大德紀錄如下：

《增支部》：

〈是第一品〉比丘（42位 46種特質第一比丘）

比丘尼（13位 13種特質第一比丘尼）

優婆塞（11位 10種特質第一清信士）

優婆夷（10位 10種特質第一清信女）

（見 AN i.p.23-26）

《增一阿含》：

〈弟子品〉第四，第一至第十經（91位 100種特質第一比丘）

〈比丘尼品〉第五，第一至第五經（52位 52種特質第一比丘尼）

〈清信士品〉第六，第一至第四經（40位 41種特質第一清信士）

〈清信女品〉第七，第一至第三經（30位 31種特質第一清信女）

（見《大正藏》卷二，頁557, a18~560, c1）

《佛說阿羅漢具德經》：

比丘（99位某特質第一比丘）

（見《大正藏》卷二，頁831a-833a）

關於本書的編輯

本書系列三位作者（向智長老、海克博士、菩提比丘）從《增支部‧是第一品》選擇十七位「第一」弟子：舍利弗尊者（以下尊稱省略）、大目犍連、大迦葉、阿難、阿那律、大迦旃延、毘舍佉、讖摩、跋陀軍陀羅拘夷薩、翅舍瞿曇彌、難陀、沙摩婆提、波吒左囉、諾酤羅長者父、諾酤羅長者母、給孤獨、質多長者。

最後還有八位雖然不隸屬於「是第一」弟子，其傳奇經歷，對後代四眾弟子也極富教育性。那就是摩利迦（從《中部》、《相應部》、《增支部》、《律藏》中選出）、師利摩與鬱多羅（從《法句經註》中選出）、央掘摩羅（從《長老偈》、《律藏》中選出）、質多比丘（從《增支部》、《長部》中選出），還有

主要從《長老尼偈》中選出的菴婆波利、伊師達悉、輸那。三位合作者的背景資料，參見「作者簡介」、「各冊文章的原作出處」。

二十五位偉大的四眾弟子生動的描述，採用海克博士十八本傳略，幾乎所有海克博士的文章都被向智長老大規模地擴充，新增的內容皆援引自巴利藏經與其註疏，並以他的洞見思惟來深化它們。

在從原來的小冊要結集成這本合輯的準備過程中，菩提比丘對所有的舊版幾乎都做了一些實質的修改，並再增加更多材料，以便能更進一步看到這些弟子們的全貌。菩提比丘幾乎重新翻譯所有的偈頌，為了行文更為可信，並增加更多的偈頌。除非特別標示，否則所有偈頌都是由菩提比丘所翻譯。

讀者應該仔細閱讀菩提比丘的「前言」：了解佛教三寶，認識佛、法、僧三寶的內在關聯性。「導論」中，有關佛教師徒關係的確立，以及一般凡夫弟子與聖弟子的差異，並不在外表形式與生活型態，更需要精讀。透過本書，各位主角人物在生活中如何與「法」相應，而顯露出內在心靈超凡的一面，正是讀者需要細心體會之處。

本書不刻意文藻修飾，但求忠實地根據經藏、律藏、《本生經》、《譬喻經》、《長老偈》、《長老尼偈》與註釋書中記載的內容，將每位聖弟子生活的過程，按資料推測時間點，而連

結成連續的劇情，增加可讀性（如本系列第一冊〈佛法大將：舍利弗〉第一章的註(1)→註(2)→註(3)……）本書除原來的內容引人入勝之外，採用資料出處明瞭、註解內容詳實，中譯者的夾註、補註、按語，亦甚為可貴。

本書中譯本的出版，不但在佛教界，給予信眾注入隨念佛、法、僧三寶的養分，乃至為學術界，增添了許多研究佛陀、佛法、賢聖僧伽難得的第一手、第二手資料。為了貢獻本文，筆者使用旬餘時間精讀一回，按照所提供的南傳佛教資料，對讀北傳佛教資料，間亦參閱巴利語原典，受益良多。即以隨喜功德的心情，推薦人人必須研讀的這套巴利佛典【佛陀的聖弟子傳】系列四冊絕妙好書！

中華佛學研究所 專任研究員

楊郁文

寫於阿含學園　2004/11/8

《佛陀的聖弟子傳》中文版出版緣起

二千五百多年了，佛教在世界各地開枝散葉，與各地域風俗融合，產生了多元的面貌。但佛陀當時的教導是什麼？弟子們如何在佛陀的教導下解脫煩惱，開悟聖道，永遠是每位有心踏上學佛之路的人想一探究竟的。巴利佛典【佛陀的聖弟子傳】系列所說的即是二十五位真實存在於歷史上的佛陀弟子，經由佛陀的教導而悟道的故事。

本書系列譯自二十世紀重量級的佛教思想家——德藉斯里蘭卡高僧向智長老(Nyanaponika Thera)與德國重要的佛教作家——何慕斯·海克(Hellmuth Hecker)合著，菩提比丘(Bhikkhu Bodhi)編輯的《佛陀的偉大弟子——他們的生活、作品與遺產》(*Great Disciples of the Buddha: Their Lives, Their Works, Their Legacy*)一書。不同於一般佛教傳記根據漢譯經典或傳說故事撰寫，本書內容均援引自南傳上座部佛教的巴利佛典、論書與註釋書，詳實而生動地記錄了聖弟子們的修行生活片段與悟道的特色、開悟的關鍵，以及佛陀智慧的教導。而引自《本生經》的故事，則提供了另一種訊息——聖弟子在過去生的發願與修行，以及對此生的影響。其中最特別的是，本書

引用了許多《長老偈》與《長老尼偈》中的詩偈，這些詩偈都是聖弟子親口所說的自身經歷以及感受，使人彷彿親聽聖者的心靈之音。

本書的內容豐富龐大，共介紹了二十五位弟子，除了波斯匿王的皇后摩利迦並未證果之外，其他二十四位都是證得初果以上的聖弟子。為了凸顯故事的主體人物，同時也減輕讀者的閱讀壓力，我們將本書的內容編譯成四冊發行：

第一冊《佛法大將舍利弗‧神通大師目犍連》：記錄佛陀的雙賢弟子舍利弗、目犍連。

第二冊《僧伽之父大迦葉‧佛法司庫阿難》：敘述的是大迦葉、阿難這兩位佛陀教法的傳承者。

第三冊《阿那律‧迦旃延‧央掘摩羅‧質多比丘》：記錄「天眼第一」的阿那律與「論議第一」的迦旃延。此外，還收錄了央掘摩羅、質多兩位比丘的傳記。

第四冊《佛陀的女弟子與在家弟子》：第一部分是佛陀女弟子們的故事，包括：毘舍佉、摩利迦、讖摩、跋陀軍陀羅拘夷薩、翅舍瞿曇彌、輸那、難陀、沙摩婆提、波吒左囉、菴婆波利、師利摩、鬱多羅、伊師達悉等，共有十三位女弟子。

第二部分是佛陀在家弟子的故事，包括：給孤獨長者、質多長者、諾酤羅長者父、諾酤羅長者母等，共有四位在家弟子。關於這部分的資料流傳很少，尤其是佛陀女弟子的事

蹟，更是鮮為人知，因此顯得相當珍貴。

透過巴利佛典的紀錄，本書呈現了較為接近歷史與人性的原貌，讓我們一窺從凡夫蛻變為聖者，內心是經歷怎樣的轉化；悟道後的他們，又如何面對生、老、病、死等現實的人生歷程。閱讀這些早期佛教成就者鮮活的傳記，有助於提升我們心靈的洞見，擴大修行的視野，也為現代的修行者點燃一盞明燈，照亮修行的前路。

典範不遠，你也可以成為這樣的聖者。

《佛陀的聖弟子傳》英文版的結集

菩提比丘

近年來，西方書海中出現的幾乎都是佛陀以及其教法的相關書籍，那也就是佛教三寶中的前二寶，關於第三寶——僧伽(Sangha)的書籍則相當不足。即使對於「僧伽」一詞的意義也有爭議，那些並未從巴利原典入手的人，對於佛陀原始核心弟子的認識仍然懵懵懂懂。這個落差之所以愈發明顯，是因為佛陀做為心靈導師的成功程度，完全取決於他訓練弟子的技巧。

經典中為禮敬佛陀而稱他為「無上士調御丈夫」①，要檢驗這句話的真實度，就必須去看他所指導的男女弟子的氣度。就如太陽的價值，不只在它本身的光明，同時也在它照亮世間的能力一樣。因此，佛陀做為心靈導師的光輝，不只是取決於他教法的清晰度，更是在他能啟發前來求皈依者與因材施教。缺少弟子團體見證它轉化的力量，「法」(Dhamma)將只是學說與嚴謹修持的包裹，徒有令人欽佩的清晰與精確的理智，但都與活生生的人無關。「法」只有在接觸生命，提升它的追隨者，將他們轉化為智慧、慈悲與清淨的典範時，

「法」才會有生命。

佛陀的聖弟子傳英文版即是嘗試以對佛陀最卓越的二十四位②弟子生動的描繪，來填補西方佛教文獻這方面的不足。本書是從一系列偉大弟子的單獨小冊演變而來，由佛教出版協會(Buddhist Publication Society，簡稱BPS)，以它著名的《法輪叢刊》(*The Wheel*)標誌發行。第一本出現的傳記是令人尊敬的向智(Nyanaponika)長老所寫的《舍利弗傳》(*The Life of Sāriputta*)，於一九六六年以獨立刊物首次出版，那時並未想到要發展成一個系列。

然而，在同一年，德國佛教作家何慕斯‧海克(Hellmuth Hecker）開始在德國的佛教期刊《知識與改變》〔*Wissen und Wandel*，由保羅‧戴比斯（Paul Debes）於一九五五年創辦〕上，出版偉大弟子的略傳。在接下來的二十年裡，《知識與改變》共刊行了四十一篇略傳，其中，許多篇的篇幅都非常簡短。

在七○年代晚期，向智長老有了構想，然後佛教出版協會的編輯，便延續他有關舍利弗的研究，以海克博士的文章為基礎，在《法輪叢刊》系列上展開其他的偉大弟子傳。因此，在一九七九至一九八九年間，以單獨《法輪叢刊》小冊的方式，出現了目犍連、阿難、央掘摩羅、給孤獨、大迦葉與阿那律，以及八位重要女弟子的略傳。它們都由向智長老或由

他請託的其他人翻譯成英文。最後，在一九九五年，我寫了一本大迦旃延長老的小冊，那是這個系列最晚出現的。（編按：各篇原作出處請見第267-268頁【附錄】。）

幾乎所有海克博士原來的文章，都被向智長老大規模地擴充，新增的內容皆援引自巴利藏經與其註疏，並以他的洞見思惟來深化它們。在從原來的小冊要結集成這本合輯的準備過程中，我對所有的舊版幾乎都做了一些實質修改，並再增加更多材料，以便能更進一步地看到這個弟子的全貌。

在女弟子這一章，又新增了原來《法輪叢刊》系列所無的四個人物，然而相對於先前對男弟子的研究，在處理個別的女弟子時，因為原始資料的缺乏，而無法有相同的篇幅。此外，在風格上，也有必要對原來的略傳做徹底的改寫。

我幾乎重新翻譯了所有的偈頌，因為在《法輪叢刊》小冊中經常都引用較早的翻譯，現代讀者恐怕難以接受那種高不可攀的風格。為了讓行文更為可信，我加入更多的偈頌，大都引自《長老偈》(*Theragāthā*)與《長老尼偈》(*Therīgāthā*)。除非特別標示，否則所有偈頌都是由我所譯，但這兩本合集的很多名相翻譯，我都是參考諾曼(K.R. Norman)的長行直譯，請見由他所出版的《長老偈》(*Elders' Verses*)第一部以及第二部。

我要感謝在佛教出版協會裡，我的長期助理——祥智尼師

(Ayyā Nyanasirī)，她先整理《法輪叢刊》小冊，以便日後重新以單書發行。我也要感謝舍衛尸利・月寶女士(Mrs. Savithri Chandraratne)，她勤快而精確地將原稿輸入電腦。我很感謝智慧出版社(Wisdom Publications)合作出版此書，尤其是莎拉・邁肯琳特克(Sara McClintock)，她的編輯意見提供了很大的幫助。

譯註

① 無上士調御丈夫：佛陀的十種德號之一。「調御」意指調伏，「無上士調御丈夫」便是指佛陀是能調伏丈夫（男子）的無上調御士，使那些受調御者能發心修行。

② 原書總計提到二十五位弟子，菩提比丘在本文中說原書介紹十二位傑出女弟子，其實是十三位，所以共有二十五位弟子。

從經典中憶念佛陀的聖弟子

菩提比丘

身為一個宗教的創立者，佛陀並未自稱天啟先知、救世主或神的化身。在他的教法架構裡，他的特殊角色是老師，揭示究竟解脫唯一道路的「無上師」。依照巴利藏經所呈現，在佛法最早的形式中，佛陀弟子所覺悟的與佛陀本人達到的目標，在基本上並無不同，兩者的目標都相同——心究竟解脫一切束縛與生死輪迴的涅槃。

佛陀與弟子之間的差別

佛陀與弟子之間的差別是：（一）成就的先後；（二）達到覺悟的過程中所具有的個人特質。

成就的先後

就先後順序而言，佛陀是涅槃之道的發現者，他的弟子則是在其指導下證果的實踐者：

比丘們！如來是從前未曾被發現道路的發現者，是從前未曾建造道路的建造者，是從前未曾被揭露道路的揭露者；他是認識這條道路者，是找到這條道路者，是精通這條道路者。如今，他的弟子們在他之後安住此道，成為擁有它者。比丘們！這就是如來、阿羅漢、正等正覺者，與由智慧而解脫的比丘之間的差別。(SN 22:58)

個人的特質

就個人特質而言，佛陀身為教說的創設者，擁有許多與弟子不共的適宜的技巧與各類知識。這些認知的能力不只包括某些神變力，同時也包含對許多存在地之世界結構無礙的了解，以及對眾生各種習性透徹的了解。❶在佛陀完成他的重要使命，即在世間建立廣大教說，並指導無數眾生離苦得樂時，這種能力是有其必要的。

當佛陀在「轉法輪」①時，他的目標就是領導眾生到達涅槃，他的教法結構本身，便預設了介於他自己與聆聽開示者之間的師生關係。佛陀是完全覺悟的老師，他的教說是進行特殊訓練的課程，那些符合弟子身分要求的人，藉由遵循他的教論與勸誡而完成訓練。即使當佛陀臨終躺在拘尸那羅雙娑羅樹間的病床上時，他也說外在的禮拜並非真正的禮敬如來，只有持續與專注地修行佛法才是。(DN 16)

皈依三寶，成為佛陀的聲聞弟子

佛陀弟子的課程從「信」開始，對佛教來說，「信」並非毫不懷疑地同意無法驗證的主張，而是準備好去接受，相信佛陀的聲明：他是完全覺悟者，已覺悟眾生存在本質中最深奧、最重要的實相，並能指出到達最後目標的道路。在佛陀的覺悟中，「信」的定位是藉由「皈依」佛教的「三寶」而彰顯：將「佛」視為個人的良師與心靈的指導；將「法」視為存在實相最完美的表述與無瑕的解脫之道；將「聖僧」視為智慧與心清淨的共同化身。

「信」必然會帶來行動，從事修行，具體地說，就是在生活中實踐佛陀為他的追隨者所制定的準則。這些準則視弟子的情況與態度，而有很大的差異，某些準則更適合在家眾，某些則較適合出家眾，弟子的工作，就是在它們之間做出正確的選擇。

但這一切源自不同出發點的準則，最後皆匯歸於一條道路——普遍而唯一，正確無誤地趨入最後的目標。此即滅苦之道的八聖道，它以三學為體：戒（正語、正業與正命）、定（正精進、正念與正定）、慧（正見與正思惟）。

那些接受佛陀為老師，並試著遵循他的道路者，皆是他的聲聞弟子。佛教弟子的種類依慣例劃分，分為出家與在家二

眾，因此傳統上有「四眾」之說：比丘與比丘尼、優婆塞與優婆夷（在家男、女信眾）。雖然，以後的大乘經典似乎將聲聞與菩薩相比，而說成另一類較遜的弟子。

但早期佛教經典中，並無這類區分，而是廣泛以「聲聞」來指稱那些接納佛陀為師的人。此字是從使役動詞 sāveti（告知、宣稱）演變而來，意指那些宣稱佛陀為他們的導師者（或那些宣稱皈依佛法者）。在早期經典中，「聲聞」不僅專指佛陀的弟子，它同時也運用在其他信仰系統的追隨者上，他們有各自的導師。

一般弟子與聖弟子的區別

在佛陀廣大的弟子圈中有個重要的差別，他們被區分成兩類：一般弟子與聖弟子。這個差別不在於外在形式與生活型態，而在於內在心靈的層次。若我們從整個佛教傳統下的世界觀，或組成本書的傳記結構來看，這個差別會更加清楚。

佛教的世界觀──三界、輪迴、業

佛教經典編輯者所信受的世界觀，和現代科學告訴我們的差異甚大，它是由三個基本而相關的公理所構成。

第一，有情的宇宙是個多層次的巨構，有三個主要的「界」，

各個界又有許多附屬的「地」。最粗的一層是「欲界」，由十一個地組成：地獄、畜生道、餓鬼道、人道、阿修羅道與六欲天（譯按：四王天、帝釋天、夜摩天、兜率天、化樂天、他化自在天），其中只有人道與畜生道是我們自然感官功能可以感受到的。

在欲界之上是「色界」，那是與禪定相應的十六個向上遞升的較高的地，在此較粗的色法消失，眾生可享受比人間更高的喜悅、平靜與力量。最後，在佛教宇宙的頂端是「無色界」，四個與無色禪相應的極微妙的地，在此色法完全消失，住於此地者都只由心識構成。❷

第二個公理是轉世。佛教主張一切未覺悟的眾生──尚未斷除無明與渴愛者，都會被困在三界之內流轉。從無始以來，轉生即受到無明與渴愛的驅策，牽引意識流在一個反覆、持續不斷的過程中，從死亡到新生。這個不間斷的生死相續即稱為「輪迴」。

第三個公理是決定轉世領域的原則，即佛陀所謂的「業」，特殊意志下的行為。根據佛陀的說法，我們所有的善、惡業行都受制於無可逃避的報應法則。我們的行為會在進行的意識流中，留下造成異熟（vipāka）②的潛能──當累積的業遇到相應的因緣時，便會產生果報。

「業」不只決定人會投生到特定的地，同時也決定我們固有的

能力、習性與生命的基本方向。「業」運作的模式是道德上的：惡業——貪、瞋、痴所推動的行為，會帶來不好的轉世並造成痛苦；善業——布施、慈悲與智慧所推動的行為，則會帶來好的轉世與幸福快樂。❸

因為輪迴裡的一切經驗都是無常與苦的，所以早期佛教的終極目標，是從這個自生的循環中跳脫出來，達到無為的狀態——涅槃，在此不再有生、老與死。這是佛陀本人所達到的目標，是他自己神聖探索的頂點，也是他一直為弟子設定的目標。

凡夫弟子於世間生死輪迴

兩種弟子間的差別就在於他們與此目標的關係。一般的弟子就是凡夫或異生(puthujjana)③，人數要遠遠超過聖弟子。

這種弟子也許真誠皈依三寶，並完全投入「法」的修行，但不論他們的努力如何，就是還未達到不退轉的程度。他們尚未親自見法，尚未斷除內心的結縛，也還未進入永不退轉的究竟解脫之道。

他們目前的修行模式是在性格上作好準備：希望把心的功能導向成熟，在適當的情況下，便可進入出世間道。除非他們生起那種經驗，否則便得在輪迴中轉世——不確定地漂泊，還會犯戒，甚至轉生惡道。

聖弟子出離世間不退轉

相對應於一般弟子的是聖弟子❹，這些弟子凌駕於凡夫之上，已達到不退轉的程度，七世之內一定能達到最終的目標。支持他們從凡夫到聖者的，是內在的徹底轉化，這轉化可以從認知的與心理的兩個互補的角度來看。

經典指出認知的觀點是「得法眼」(dhammacakkhu-paṭilābha)④與「法現觀」(dhammābhisamaya)。❺這樣的事件，永遠改變人的命運，通常發生在弟子圓滿前行，並著手修觀時。在某一點，當洞見深入現象的本質時，會使慧根的成熟，當一切因緣具足時，無明的迷霧瞬間消散，讓弟子得以窺見無為界，即整個解脫過程的先決條件與最後一項——無死涅槃。

當這個洞見生起時，這個弟子便成為佛陀法音的真正傳人。經典中稱這樣的弟子為：

> 已見法者、得法者、知法者、已深入法者、已度疑者、已離惑者、已得無所畏者、放師教不依他者。(MN 74)

雖然這洞見可能仍然模糊、不圓滿，但這弟子已見到究竟實相，接下來只是時間早晚的問題，在精進修行之下，他或她終會將這個洞見帶往正覺，完全體證四聖諦。

弟子進行轉化的另一面是心理狀況，即永久斷除某些被稱為

「煩惱」的不善心所。為了便於闡述，煩惱通常被區分成十種結縛，之所以如此稱呼，是因為它們將眾生困在生死輪迴中。從經典看來，在某些特例中，一個前世便擁有高度智慧者可以立即斬斷十結，從凡夫一躍成為完全解脫的阿羅漢。

四雙八輩的聖僧伽

不過，更典型的成就過程是，在四種不同的覺醒時機，按類相繼斷除十結，這是標準的作法。當圓滿現觀與斷除結縛時，結果產生四個階段的聖弟子，每個主要的階段又可再細分成兩種階段：「道」的階段，即當弟子正為除去特別成串的結縛而修行時；以及「果」的階段，即當完全地突破且斷除結縛時。這便是聖僧伽的古典分類法──四雙八輩。

入流──斷除身見、疑見、戒禁取見

覺悟的第一階段稱為「入流」（sotāpatti，須陀洹），因為有了這成就，弟子才有資格被說成是進入「法流」(dhammasota)，即趨入涅槃的八聖道，永不退轉。

「入流」是由初次生起法見所產生，特色是斷除最粗的三結：（一）身見，即眾生於五蘊等法中，妄計有個實體的「我」；（二）疑見，即懷疑佛陀與他的教法；（三）戒禁取見，相信

只有外在的儀式（包括宗教儀式與苦行主義的苦修形式）能
帶來解脫。

斷除這三結後，入流者便不會再轉生地獄、餓鬼與畜生道等
三惡道。這種人頂多在人間或天界轉世七次，便能確定達到
究竟解脫。

一來──減弱貪、瞋、痴

下一個重要的覺悟階段是「一來」(sakadāgāmī)，只要在人間
或欲界天轉世一次，便可在那裡達到究竟目標。

「一來」除了已斷除的三結之外，並未再斷除任何結縛，但它
減弱了三根本煩惱──貪、瞋、痴，它們只是偶爾生起，並
且程度都很微弱。

不還──斷除欲貪與瞋恚

第三個階段是「不還」(anāgāmī)，又斷除第四與第五分結的
兩個根本煩惱──欲貪與瞋恚，移除它們各種的，甚至最微
細的偽裝。因為這兩結是將眾生困在欲界的主要結使，顧名
思義，「不還者」就是永遠不會再返回此界。

此外，這種人會自然轉生在崇高的色界天之一的淨居天，只
有不還者能到達這裡，並在此達到究竟涅槃，無須再回到這
個世界。

阿羅漢──斷除色貪、無色貪、慢、掉舉、無明

第四也是最後的聖弟子階段是「阿羅漢」(arahatta)，他斷除了「不還者」殘留在「不還」中未斷的五上分結：色貪、無色貪、慢、掉舉、無明。由於無明是一切煩惱中最根深蒂固的，當阿羅漢完全覺悟四聖諦時，無明與其他所有殘存的煩惱便一起瓦解。心接著進入「諸漏已盡，得無漏心解脫、慧解脫」──佛陀稱此狀態為「梵行的無上成就」。

阿羅漢是早期佛教圓滿成就的弟子，整個佛教團體完美的典型。當談到佛陀的解脫，即使是佛陀本人，也被描述為是位阿羅漢，他宣稱阿羅漢斷除的煩惱與他是相同的。對阿羅漢來說，既無更進一步的目標要達成，也不會從已達成的目標上退轉。他或她已完成聖道的開展，已完全覺悟存在的本質，並斷除內心一切的結使。

阿羅漢的餘生便是以一顆清淨安穩的心，安住在寂靜中，在涅槃的體證上。然後，隨著身體的敗壞與壽命的結束，他或她便結束整個輪迴的過程。對阿羅漢來說，死亡並非與別人一樣，是通往另一個新生的入口，而是通往無為狀態本身──「無餘涅槃界」(anupādisesa-nibbānadhātu)的大門。這是佛陀教法所指出的，是真正苦的滅盡，以及無始生死輪迴的終結。

過去與現在諸佛點燃正法之光

一般都認為，在早期佛教中只承認一佛——喬達摩‧釋迦牟尼佛，多佛的概念是屬於大乘佛教崛起前佛教思想階段的新看法。現存最古老完整的有關佛教初期的資料來源——巴利藏經，顛覆了這個假設。

發現涅槃之道

經典中時常提到身為喬達摩前輩的六位古佛，並且在一部經(DN 14)中，佛陀對他們的生平還做了詳盡的介紹。在其他地方，他預言了一位名為「彌勒」(Metteyya)的未來佛出世，他會在一個心靈黑暗的時代，重新點燃正法之光(DN 26)。

在上座部較晚的文獻中，過去佛的數目增加到二十七位，在這些佛當中第二十四位燃燈(Dīpaṇkara)佛的座下，有個人被預言會在未來成佛，他就是喬達摩佛陀。❻

在歷史與宇宙的過程裡，每位佛陀的特殊作用是去重新發現與宣告被遺忘的涅槃之道。對於佛教來說，歷史不是從創世紀到啟示錄的直線呈現，它是在宇宙過程較廣的循環裡，相互套疊的反覆生滅循環中發展。世界系統生、住、異、滅，被從古老灰燼中生起的新世界系統所取代。在這樣的背景下，於無盡的時空中，眾生在三界中輾轉輪迴。

輪迴內的一切存在皆承受痛苦：它是短暫、不穩定與無實體的，從痛苦的出生開始，且在老、病、死的痛苦中結束。不過，每隔一段時間，從輪迴的黑暗迷宮中，便會出現一個人——總是在人間——他解開維繫這個束縛過程的紛亂因緣，藉由他自己的獨立智慧，發現被遺忘的涅槃之道——圓滿、平靜、解脫的無為法。這個人便是佛陀。

建立教團，指導佛法

佛陀不只重新發現涅槃之道，他還建立教說，給其他無數眾生學習佛法與實踐解脫道的機會。為了拉拔學道者，每位佛陀都建立僧伽——出家比丘與比丘尼的教團，他們出家而全心投入梵行或清淨的生活。每位佛陀都自由與公開地對比丘、比丘尼、優婆塞與優婆夷等四眾弟子教導佛法，為他們指出在輪迴裡向上提升的行為方針，以及解脫整個邪惡循環的道路。

即使對那些未達到初果的人來說，佛陀的出現仍然是件幸運的事，因為藉由皈依三寶，供養佛陀與僧伽，以及著手修行他的教法，眾生種下了最有潛力結成殊勝果實的福德種子。當種子成熟時，不只會帶領這些眾生轉生善趣，同時也會讓他們接觸未來佛，而能再度聽聞法音。當他們的諸根完全成熟時，便能現證解脫的道與果。

佛陀八十位大弟子

從隨侍的諸多聖弟子中，每位佛陀都會在某些特殊領域，指派幾個最卓越的弟子。

於特殊領域有成就的弟子們

首先，喬達摩佛陀在整個僧伽之首中，指派兩位比丘為「上首弟子」（aggasāvaka，或「聲聞中第一」），和他一起擔負指導比丘的責任，以及共統管理僧伽。兩者之中，一位是智慧第一，另一位則是神通第一。在現在佛喬達摩的教說中，這兩個職位由舍利弗(Sāriputta)及大目犍連(Mahāmoggallāna)兩位阿羅漢擔任。

此外，每位佛陀都會指派一名比丘擔任侍者，照顧他的所需，做為他和大眾之間的媒介，並隨侍他四處弘法。對我們的現在佛來說，這個職位是由阿難 (Ānanda)擔任，因為他負責保存佛陀的開示，所以他也以「佛法司庫」之名著稱。

這些最崇高與親近的職位，便說明了大弟子的範圍。在巴利藏《增支部》中，有〈是第一品〉(*Etadaggavagga*, AN 1; chap. 14)⑤，佛陀在其中創設八十個大弟子的類型：其中有四十七位比丘、十三位比丘尼、各十位優婆塞與優婆夷。在每個職位中指派一個最出色的弟子，不過在少數個案中，也有同一

個弟子在好幾個類型中勝出的。

例如，在諸比丘之中「妙音第一」的是：侏儒羅婆那跋提(Lakuṇṭaka Bhaddiya)；「能造自然而優美偈頌第一」的是鵬耆舍（VaṅgIsa，他同時也是「辯才第一」）；「信出家第一」的是羅吒婆羅(Raṭhapāla)等。

比丘尼是由兩名上首比丘尼領頭，讖摩（Khemā，意譯為「安隱」）是「智慧第一」；蓮華色(Uppalavaṇṇā)是「神通第一」。此外，波吒左囉(Paṭācārā)則是「持律第一」；「精進第一」的是輸那(Soṇā)；「宿命智第一」的是拔陀迦比羅(Bhaddā Kapilānī)等。

在家男眾之中「布施第一」是給孤獨(Anāthapiṇḍika)；「說法第一」的是質多(Citta)；「攝眾第一」的是呵多阿羅婆(Hatthaka Āḷavaka)等。在家女眾之中，「布施第一」是毘舍佉(Visākha)；「多聞第一」的是久壽多羅(Khujjuttarā)⑥；「慈心第一」的是沙摩婆提(Samāvatī)等。

巴利藏中，這些大弟子的篇章都非常精簡，只提到類型與在該領域最出色的弟子之名。關於這些被指派弟子的背景，必須到巴利語的註釋書，尤其是〈是第一品〉的註釋中去找尋。這些註釋的內容當然是出自比經典晚的時期，雖然它們充滿傳說與誇大的內容，在在都透露了它們晚出的事實，但它們卻也在晦而不明的歷史中，清楚說明了經中被指派弟子

心靈成長的過程。

發願與授記

每個故事的細節雖然不同，但卻符合相同的典型。即在從前某位佛陀的教化時期，他的某位支持者，看見他指定某個弟子在某種特殊領域最為卓越。這個信徒不是立即在那位佛陀座下證果，而是發願在未來某個佛的座下，達到那個被指派弟子的卓越成就。

為了宣誓，這個信徒對佛陀與他的僧伽做了豐盛的供養，頂禮大師雙足，然後宣佈他或她的決心。世尊接著便以神通力讓心直接進入未來，並看見這個誓願會在未來佛——喬達摩座下完成，因此他便授記這名弟子，他的願望將能實現。

舍利弗與目犍連這兩位大弟子，是在過去佛高見佛(Anomadassī)座下初發心，此佛是在喬達摩之前的第十八位佛。至於其他的大弟子，則是在過去第十五佛蓮華上佛(Padumuttara)的座下發願。

實踐十波羅蜜

在發願與得到授記後，發願成為大弟子者必須努力在餘生中，累積滿願所需的功德與知識。這需要十種「波羅蜜」（pāramī，意譯為「勝行」、「度」），即梵文佛教所對應的「波羅蜜

多」(pāramitā)。巴利原文共有十度：施、戒、出離、般若、精進、忍、真實、決意、慈、捨。❼

在大乘系統中，究竟佛果的候補者──菩薩，是以六波羅蜜多作為修行的核心，之後的上座部教法（以巴利註釋書為代表），則認為對於一切志求覺悟者，包括追求佛果、辟支佛果❽或阿羅漢果的弟子來說，它們都是必要的。

這三種覺者之間的差別，在於實踐波羅蜜的時間長短，以及圓滿它們的要求。究竟佛果的菩薩，需要修習波羅蜜至少四阿僧祇與十萬大劫，並且必須在初、中、後三種階位上圓滿它們。辟支佛果的菩薩需要修習波羅蜜兩阿僧祇與十萬大劫。對於弟子菩薩⑦的要求，則視最後覺悟的目標而異。那些決意成為上首弟子者，必須修行波羅蜜一阿僧祇與十萬大劫，大弟子菩薩則需十萬大劫，至於層次較低的阿羅漢果菩薩，則有相對應的較短時間。❾

這個說明，有助於我們了解一個往後在本書（編按：巴利佛典【佛陀的聖弟子傳】系列）傳記描寫中會看到的驚人事蹟：大弟子們達到覺悟之快速與出人意料。例如，在遊方沙門舍利弗初次遇見佛教比丘時，聽到一首四句偈便成為入流者；當大迦旃延(Mahākaccāna)還是個宮廷婆羅門時，聽完佛陀的開示便證得阿羅漢果。宮廷貴婦讖摩(Khemā)證得阿羅漢果時，身上仍然穿著她的華麗服飾。

人們可能很容易將這種快速的成就，視為只是另一個聖徒傳的熱情，但當我們將輪迴的背景納入考慮時，就會了解這種「頓悟」的例子絕非如表面呈現的偶然。它們的突然發生，並未違背心靈成長的自然法則，而是先前長期而緩慢準備過程的結果，在廣大的宇宙背景下經歷了無數世，一切培育的覺悟條件皆已臻成熟。那是因為弟子們一直都在進行，甚至連他們自己也不知道，在過去世中累積了豐厚的福德與智慧，因此在他們一接觸佛陀以及他的教法時，效果便立即呈現。

研究方法

本書是一本略傳的合集，長短不一，包括佛陀的二十四位⑧重要弟子在內。一篇是向智長老晚年所著（〈舍利弗傳〉），一篇是我自己所寫（〈大迦旃延傳〉），其他都是由何慕斯‧海克所撰寫。❿

感同身受的見證者

我們盡量充實本書的視野與內容，目的不只是匯集第一手的原典資料，更重要的是為有心學習早期佛教的心靈典範者帶來激勵與啟發。我們所作的略傳，並不想從區分事實與虛擬杜撰的客觀立場出發，對弟子生平的事件做各種評價，以得

到無可懷疑的歷史真相。我們採用的研究方法是將作者的觀點置入資料之內，就如感同身受的見證者與辯護者，而非置身事外的學者或法官。

對我們來說，一切事件是否一如經典中的報導，真的實際發生過，並不是那麼重要，重要的是，它們讓我們看見早期佛教團體如何看待它精神生活的典型。因此，我們不嘗試從歷史觀點去援引資料，而是忠實記錄下經文本身所告訴我們的大弟子與他們的生平，並依據我們的反思與意見，配上摘錄的引文。

憶念聖弟子

因此，本書的正確使用方式，是將它當作「憶念」的練習，而非客觀學者的事業。佛陀說，憶念聖弟子是禪修生活的根本，而「僧隨念」(saṇghānussati)是他經常建議追隨者的「六隨念」⓫法門之一。對那些發現自己距離解脫還很遙遠的人來說，憶念那些破除我執，而達到高度清淨與智慧的聖者，是個很大的鼓舞。

藉由他們的例子，這些成就者鼓舞我們對於佛法解脫能力的信心。他們的生命說明了教法中提出的心靈典型，不只是空想而已，而是能透過活生生的人，努力對抗自身的缺點而達成。當我們研究他們的一生時，就能了解到那些大弟子都是

從像自己一樣的平凡人開始，遭遇到和我們一樣的障礙與困難。藉由相信佛陀與他的教法，以及藉由全心投入解脫道的修行，他們能超越一切我們過去所認為理所當然的限制，而提升到一個真正高貴心靈的次元。

在接下來的文章中，將探索這些站在整個佛教傳統源頭上，大弟子們的生平與性格。我們將檢視：他們過去世的背景與早期經驗；他們為了覺悟所做的努力；他們的成就與教法；他們在佛陀僧團中的表現；他們死亡的方式（如果知道的話）。這些和佛教正式的教理與修行一樣，都是佛教傳承的一部分，不只是古代歷史暮氣沈沈的片段，而是在這人類歷史的重要時機，留給我們活潑而光輝的遺產；這些弟子以他們的生命清楚說明了自我超越的可能性，那和我們的生存是緊密結合的。

原始資料不足的問題

我們在研究時，選擇弟子所依據的主要標準，是在教說裡他們的心靈境界與引人注目的事蹟。然而這標準，有另一個嚴格限制我們選擇的平衡要素，那就是可用的相關原始資料。與現代心態所預期的相反，包含某位弟子的傳記資料與經文數量，並不總是和他或她在僧團中的心靈地位與角色相稱。佛陀的大弟子圈包含比丘、比丘尼、優婆塞以及優婆夷，他

們受到世尊高度的讚揚，然而這些人卻很少留下任何顯著的資料。

例如，優波離(Upāli)尊者是「持律第一」者，他負責在第一次結集中匯編原始律藏，然而他被保存下來的傳記資料卻湊不滿一頁。原始資料不足的問題在女眾弟子身上尤其嚴重，我在下面會詳細討論這點。男眾的情況也是如此，一旦離開與佛陀最親近的弟子圈時，紀錄便少得可憐，甚至完全無聲無息。很顯然地，在洞見諸法無我之後，古代的佛教徒們並沒有什麼興趣去編輯「無我者」的傳記。

聖弟子的略傳

儘管有這個困難的限制，但在經文與註釋雙管齊下之下，我們還是收集了足夠研究二十四位弟子傳記的資料。前六章（編按：本書系列第一至三冊）是從長老比丘開始：兩位上首弟子——舍利弗與目犍連，充分地分攤了佛陀四十五年來建立教說的重任。在世尊去世之後，大迦葉(Mahākassapa)成為僧團的實質領導人，並以他的遠見確保了教說的存續。佛陀的堂弟與侍者——阿難，他強大的記憶力保存了大量的法寶，保護它免於隨著時間而流逝。佛陀的另一個堂弟——阿那律(Anuruddha)，擁有超凡的天眼能力。大迦旃延，是最能將世尊的簡短發言詳加闡述者。

雖然，有時在這些傳記中，有幾個相同的事件會重複出現。例如，舍利弗與目犍連的早期生涯，以及大迦葉與阿難在第一次結集前的生活，為了保持每一篇傳記的完整性，我們保留了這些重複。它們將這些相同的事件，從所涉及不同弟子的個人觀點中凸顯出來，從而提供我們更完整的事件輪廓。

接下來的一章（編按：本書系列第四冊）是研究十二位⑨傑出的女弟子，包括比丘尼與近事女在內。敏感的讀者可能會抗議，怎麼可以將十二位女弟子擠進一章中，而男眾弟子則安排了有九章之多，作者似乎有性別歧視。

對於這個抱怨，身為編輯的我只能回答，男女比例不平衡並非因為歧視，而是反應原始材料的分配不均。我們很希望對於女性的研究，能一如男性般深入與詳盡，但原始材料所呈現的，除了對女子去皈依佛陀，以及她們覺悟經驗的簡短描寫之外，其他都付之闕如。有時很可悲的，甚至連那些資料也不可得。

例如，蓮華色是比丘尼僧團的第二大弟子，然而她的傳記描寫（在註釋書中），卻幾乎都集中在她前世的長篇故事上——對現代人來說顯得頗為敏感。接著，便是少許她身為僧團比丘尼之歷史生活的簡短段落。

女眾弟子這一章也包含一位尚未達到任何聖果的近事女在內。她是拘薩羅國(Kosala)波斯匿王(Pasenadi)的皇后——摩利

迦（Mallikā，即末利夫人），雖然摩利迦並未證得入流果，並曾因一個異乎尋常的罪行而短暫轉生地獄，但她仍然是佛陀虔誠的支持者，她的行為在其他各方面都堪為模範。

本章最後一個故事——伊師達悉（Isidāsī，意譯為「仙見」）比丘尼，可能不是佛陀的直接弟子，有內部證明顯示她的詩甚至可能是在世尊去世後一百年才作的，但由於她的故事是在《長老尼偈》中被發現，且由於內容精彩，我們也將它納入本書中。

在女眾弟子之後是描寫一位比丘，他雖然並未被列在八十位大弟子中，但他一生的故事卻如神話一般，那就是央掘摩羅(Aṅgulimāla)比丘。他早年是個最兇惡且殘忍的連續殺人犯，但在佛陀的開導下，他從罪惡的生活轉變成聖潔的生活，並成為懷孕婦女心目中的「守護聖者」。

接著，我們要研究佛陀的第一施主——給孤獨長者的生平與成就，他將佛陀喜愛的僧團住處供養佛陀，並在許多方面都是在家佛教徒理想的代表。最後，我們以四位弟子一系列的短篇故事作為總結，包括另一位重要的在家弟子質多長者在內，他對「法」的了解與在禪修上的技巧，贏得許多比丘的讚歎。

資料來源

我們對大弟子描寫的主要來源是援引自上座部佛教的經典集合——巴利藏經，以中世紀的印度亞利安語，即現在所知的巴利語保存。這個集合包含三藏：「經藏」(Sutta Piṭaka)、「律藏」(Vinaya Piṭaka)、「論藏」(Abhidhamma Piṭaka)。❷最後這一藏，包含心理－哲學分析的技術領域，幾乎與我們的目的完全無關；而律藏則主要是取其戒條的背景故事，而非它自身的主題事物——僧團秩序的管理儀規。

來源之一——經藏

經藏因此成了我們傳記研究的基石。這一藏包含四大部：《長部》(Dīgha Nikāya)、《中部》(Majjhima Nikāya)、《相應部》(Saṃytta Nikāya)、《增支部》(Aṅguttara Nikāya)。其中的《相應部》分為五十六章，在共同主題下有許多短經；而《增支部》則是依照數目型態，從一到十一集的短經集合。我們在《增支部》的一篇中，發現〈是第一品〉，佛陀在其中提出了八十位大弟子。

除了四大部之外，經藏還有第五部：《小部》(Khuddaka Nikāya)，是該藏卷數最龐大的部分。在這部經典雜集中，我們發現四本與大弟子特別有關的作品，有兩本是一組的：

《長老偈》(*Theragāthā*)，包含與兩百六十四位比丘有關的一千兩百七十九偈，與《長老尼偈》(*Therīgāthā*)，包含與七十三位比丘尼有關的四百九十四偈。

在這兩個作品中，古代的佛教僧伽長老說出導致他們過出家生活的事件、覺悟的成就，以及他們見法的偈頌。雖然其中有許多偈頌只是訓勉的話（在經中其他地方也有類似的事物），並不太像自傳，然而這些訓勉的偈頌，卻讓我們得以一窺說話者的人格。

在《小部》裡，第三本與本書有關的作品是《本生經》(*Jātaka*)，藏經中的《本生經》只有偈頌，單獨閱讀很難理解，完整的《本生經集》（在《本生經註》中被找到）包含藏經偈頌中所蘊含的五百四十七個「出生的故事」。它們敘述了菩薩——未來的喬達摩佛陀，在過去生中積聚成佛資糧的冒險經歷與英勇事蹟。

受到華麗的印度神話所滋養，這些故事以傳說與寓言作為佛法的工具，傳達佛教倫理的課程。透過這些故事的「前言」與「後記」，它們與大弟子的研究產生關連。「前言」先道出佛陀僧團成員的插曲，帶出接下來他要說的故事，通常這些插曲反映了遙遠過去的事蹟，它們大都與和重要弟子的前世有關。在「後記」中，佛陀則比較過去生與此世所處環境的性格一致性（例如，「目犍連那時是大象，舍利弗是猴子，而

我自己則是聰明的鷓鴣鳥」），這將有助於我們發現弟子們的
輪迴背景。

與本書有關的第四本《小部》作品是《譬喻經》（*Apadāna*)，
全部都是偈頌，並且較晚出現，所以選用得很少。它是一本
選集，是在佛陀座下得到阿羅漢果的比丘與比丘尼敘述他們
過去世所做的功德，偶爾還會提到他們最後的解脫成就。這
本經分成兩個主要部分：〈長老譬喻〉（*Thera-apadāna*，共五
十五章，各有十個故事），與短很多的〈長老尼譬喻〉（*Therī-
apadāna*，共四章，各有十個故事）。

來源之二——巴利註釋書

我們所援引的第二個原始素材是巴利註釋書，其重要性僅次
於藏經。在藏經的眾多註釋書中，有四本對我們特別珍貴，
除了前面提過自成一類的《本生經註》外，還有《增支部》
的《是第一品註》，它出現在《增支部》的完整註釋《滿足希
求》（*Manorathapūraṇī*)中。它被歸於最偉大的巴利註釋者佛音
論師（Ācariya Buddhaghosa)⑩所作。它的作品是奠基於古錫蘭
註釋（已不存在），這些註釋，都被保存在錫蘭古都阿耨羅陀
補羅(Anurādhapura)的大寺(Mahāvihāra)⑪中。

這一章的註釋有對每位在各領域最傑出弟子的傳記描寫。每
個故事都有個類似的模式，一開始會提到這位弟子在過去世

中發願成為上首弟子，接著穿插在過去幾世中他們做了一些傑出的事，然後提到在最後一世中與佛陀相遇。通常這故事在他們被指定為大弟子時結束，但偶爾也會繼續提到他們在出家生涯中的事件。

另外兩本註釋書分別是《長老偈註》與《長老尼偈註》，它們都被命名為《勝義燈》(*Paramatthadīpanī*)，並且被歸為印度東南沿海巴多羅底陀寺 (Badaratittha) 的法護論師 (Ācariya Dhammapāla) 所作，他比佛音也許晚了一個世紀，它們明顯是奠基於舊文獻上，並反映出大寺的註釋原則。這兩本註釋書有部分與《增支部》的資料重複（有時會出現有趣的變異），吸納了《譬喻經》的引文，同時也解釋了這些弟子說出被認為是他們所作特殊偈頌的緣由。

還有第四本註釋書，後來被證明為是有用資料的泉源，雖然通常是富於想像的，即《法句經註》，它通常被歸為佛音所作，雖然這說法有時會受到現代學者質疑。這本註釋書有個基本前提，即《法句經》中看得到的每個偈頌（或偈頌的每一行），都是佛陀為回應某個特殊事件所說。這註釋的目的是，敘述引發佛陀說那首偈頌的過程，但它通常帶領我們超越即時的背景事件，到達造就那首偈頌的整個複雜環境網絡。有時這個註釋說到一系列的背景故事，甚至延伸到前世，因而揭露了發生在佛陀與其弟子之間的業力背景。

方法附記

在此要強調一點，除了註釋中的背景故事之外，我們對大弟子傳記的配置，並未考慮它們的相關性與一致性。事實上，在整個巴利藏經中，我們甚至找不到佛陀的相關傳記；關於這點，在巴利傳統中最早的嘗試，似乎是《本生經註》的序——《本生因緣》(*Jātaka-nidāna*)。

我們對弟子傳記最為完整的資料來源〈是第一品〉的註釋，似乎偏重他們過去的輪迴史，而非他們在佛陀座下的經歷，而其他註釋解釋最多的是個別事件，而非完整的生平。因此，本書的略傳是從遺留下來的經典中慢慢搭建而成，我們嘗試以自己的思惟與詮釋為接合材料，把它塑造成井然有序的整體。

此外，讓我們更難作的是，巴利藏經的編輯者在敘事時，並未根據連貫的原則，不像我們所預期現代傳記或新聞報導的方式。由於當初的參與者基本上是在一個口述而非文字記錄的傳統下，他們喜以切分音符的方式處理事件，所以考慮的不是流暢優雅的文字，而是教學與記憶的訓練需求。我們只能寄望在古代經典的紀錄中，敘事者突發與不連貫的靈感火花，不要造成太多突兀的裂痕。

在處理資料的過程中，我們試著在限於單本書的實際前提

下，讓它儘可能豐富。不過，在選擇所要納入的事件中，我們確實是遵循著特定的標準。巴利藏經的編輯者在編輯這些經典時，其標準基本上也和我們相同：即選擇一些事件與軼事，最能清楚傳達該弟子的個性，以作為佛教團體學習的典範，或能揭露他或她修行與悟法的特色。

我們也希望將該弟子一些過去世的資料納入，雖然這幾乎可以確定是傳說，但它卻透露了早期佛教社會的認知，他們認為那對該弟子的一生有著深遠的影響。但由於這些材料通常都是出自如《譬喻經》與《本生經》等較晚的經典，因此我們不想放進太多，以免讓具有歷史基礎的四部尼柯耶(Nikāya)⑫中的資料反而變成陪襯。我們也引用了《長老偈》與《長老尼偈》的偈頌，有時在某部傳記中，這些偈頌會被放在它們自己的一節中一起討論，有時則是打散作為一般的側寫。

本書最有效的使用方式，是依照它們最初的寫法，即為了激勵與薰陶心靈的目的而閱讀；不應存著閱讀小說的心態來讀。在此建議讀者，一天最好不要閱讀超過一章，應該和你正在學習的某個特殊弟子「交朋友」，思惟他或她的生命與教導，並試著發現那些故事對現代人有何啟發。最快也要等到隔天，才可以進行下一章。你的心可能會迷戀這些事，因此最好克制一下好奇心，並不斷提醒自己為何閱讀這本合集的原因。

正確的理由應該是：我們不是為了往昔有趣的軼事與浪漫情懷，而是為了以這些早期佛教成就者鮮活的描寫，來提升自己心靈的洞見。

原註

❶ 在佛陀的「十智力」中。參見 MN 12，《大獅子吼經》。

❷ 關於佛教上座部傳統宇宙圖更進一步的討論，請參考菩提比丘所編的《阿毗達摩概要精解》（*A Comprehensive Manual of Abhidhamma*），第五章，第二至十七節（BPS，1993）。（譯按：中譯本由正覺學會於89年出版）

❸ 同上，第十八至三十三節。

❹ 在經典中，「聖弟子」的表述似乎有兩種定義。廣義是指「聖者的弟子」，即佛陀的弟子，包括任何用功的在家弟子；狹義的則是更專門性的定義，是指已證果的四雙八輩的聖者。在此我使用的是第二種定義。

❺ 參考 SN 13:1。

❻ 關於喬達摩之前的二十四位佛陀的詳細資料，可以在《佛種姓經》（*Buddhavaṃsa*）中找到。關於菩薩（佛陀）與燃燈佛相遇的故事是在 Bv. 2A 37-108；前三佛則在 Bv. 27, 1被提到。

❼ 進一步的詳細討論，請參考菩提比丘所著，《包含一切見網經》（*The Discourse on the All Embracing Net of Views*, part 4, BPS, 1978），即《梵網經》，第四部分。

❽ 辟支佛是在沒有老師的幫助下而達到覺悟者，類似無上的佛陀，但他並未像無上的佛陀一樣建立教團。據說只有在無上佛陀的教法不為世人所知的時期，辟支佛才會出現。請參考李爾・克羅潘伯格（Ria Kloppenborg）的《辟支佛：佛教沙門》（*The Paccekabuddha: A Buddhist Ascetic*, BPS, Wheel No. 305/307, 1983）。

❾ 這些差異出自《經集註》（*Suttanipatā Commentary*），頁 48-52（PTS編）。一劫（kappa）是宇宙生成與毀滅所需的時間。關於比喻，請參考 SN 15:5, 6。對於阿僧祇的時間，我找不到確切的說明。

❿ 海克博士原來所寫的略傳，有些已被向智長老大幅擴增。詳細請參考本書【附錄】〈各冊文章的原作出處〉。

⓫ 參考 Vism. 7.89-100。

⓬ 有關進一步的詳細資料，請見魯賽爾·韋伯（Russell Webb）所著，《巴利藏經分析》（*An Analysis of the Pāli Canon*, BPS, 1991）。

譯註

① 轉法輪：「法輪」是對佛法的喻稱，「轉法輪」則是指佛陀宣說教法。以輪比喻佛法，是表示：（一）佛法能摧破眾生罪惡，如同轉輪聖王的輪寶，能摧輾山巖。（二）佛法不停滯，猶如車輪輾轉不停。（三）佛法圓滿無缺，故以輪之圓滿做為比喻。

② 異熟（vipāka）：舊譯為「果報」，是善、惡業所得果報的總稱，因為因與果必異時而熟，故稱「異熟」。

③ 異生（puthujjana）：即指凡夫。因凡夫輪迴六道而受種種別異的果報；又因凡夫由種種變異而生邪見、造諸惡業，所以稱為「異生」。

④ 得法眼（dhammacakkhu-paṭilābha）與法現觀（dhammābhisamaya）：「現觀」意指「充分理解」，「法」是指四諦或緣起法，「法現觀」即指理論性地理解四諦或緣起法，而證悟得初果（須陀洹）。獲得此現觀的證悟即稱為「得法眼」，「法眼」是指「有關法（緣起道理）的智慧之眼」，即佛教正確的世界觀、人生觀。

⑤ 即《增一阿含經》卷三～七的〈弟子品〉、〈比丘尼品〉、〈清信士品〉、〈清信女品〉，或第一二六經《佛說阿羅漢具德經》。

⑥ 《增一阿含經》說她為「智慧第一」。

⑦ 弟子菩薩：又稱「聲聞菩薩」，共有三種：（一）未來上首弟子：每位佛陀都有兩位上首弟子，就如釋迦牟尼佛有舍利弗與目犍連兩位上首弟子；（二）未來大弟子：就如釋迦牟尼佛時的八十位大弟子；（三）未來普通弟子：除了上述兩種弟子以外的阿羅漢。詳見《宿住論》（《大本經》的註釋。DN 14）。

⑧ 參見【英文版編者前言】註②，頁25。

⑨ 在原書〈佛陀的偉大女弟子〉一章中，共分十二節——介紹女弟子的故事，其中一節包含兩位女弟子，所以應為十三位女弟子。

⑩ 佛音論師（Ā cariya Buddhaghosa）：五世紀中印度摩揭陀國人，是上座部佛教最偉大傑出的論師。西元432年渡海至錫蘭的大寺，將全部錫蘭文的三藏聖典翻譯成巴利語，並領導完成註釋工作，奠定上座部佛教興盛的基礎。又撰有《清淨道論》，是匯集南傳上座部教理最詳盡的論書。

⑪ 大寺（Mahāvihāra）：西元前三世紀中葉，阿育王之子摩哂陀長老往錫蘭傳教，於古

都阿耨羅陀補羅建立提沙拉瑪精舍，是為大寺的前身。從此錫蘭佛教迅速發展，以大寺為統一教團的中心。至西元前一世紀，錫蘭佛教分裂為大寺派與無畏山寺派，前者堅持保守傳統上座部佛教，後者容納大乘佛教。西元五世紀，佛音論師於大寺注釋三藏，奠立大寺派基礎，至十二世紀左右，無畏山寺派消失，大寺派的上座部佛教才完全確立其在錫蘭的正統地位至今。

⑫ 四部尼柯耶（Nikāya）：即《長部》、《中部》、《相應部》、《增支部》。

第一部

佛陀的女弟子

何慕斯‧海克／撰

第一章

「布施第一」的女施主：毘舍佉

在鴦伽(Aṅga)國的跋提城(Bhaddiya)，住著一位富人面托迦(Meṇḍaka)。他曾在前世的一次飢荒中，將自己和家人所擁有的最後食物布施給一位辟支佛（獨覺）①。因為這次施捨、這次戰勝自我，他於此世獲得大福報：家中的食物永不匱乏，無論如何消耗或布施，田地總是豐收不斷。

發願成為「布施第一」的女弟子

不是只有面托迦擁有大福報，他的妻子、兒子、媳婦與奴僕也都參與前世那次無我的布施，因此在此世都具有神奇的力量。這清淨善行帶著他們一起穿過輪迴轉世。

他的兒子名字叫檀那闍耶(Dhanañjaya)，與其妻子須摩那戴斐(Sumanādevī)有個年輕的女兒毘舍佉(Visākhā)，她也是往昔福德的寶庫。在十萬劫前的一個前世中，她曾在蓮華上佛(Padumuttara)前，發願要成為佛陀與其僧伽「布施第一」的女施主。為了達成這個目標，她在之前許多佛陀座下廣行善

事，積聚了成為大弟子所需圓滿的心靈資糧。如今那些福德善緣已經成熟，即將結出果來。❶

有一天，毘舍佉七歲時，佛陀在大群比丘陪伴下抵達跋提城。當面托迦聽到佛陀到來時，他派出最鍾愛的孫女，並對她說：「親愛的女孩，這對我們來說是個快樂的日子，因為大師已抵達我們的城市。召集妳所有的侍女，去拜見他。」毘舍佉遵照吩咐去找世尊，禮敬他之後便站在一旁。之後佛陀對她與她的隨從說法，開示結束後，毘舍佉與五百名侍女都證得入流果。面托迦也和妻子、兒子、媳婦與奴僕一起聞法，且也都達到入流果。

成長與婚嫁

那時鴦伽國隸屬於虔誠的頻婆娑羅(Bimbisāra)王所統治的摩揭陀國。當拘薩羅國的波斯匿(Pasenadi)王聽到五個非凡的大福德者就住在鄰國時，他請求好友兼連襟——頻婆娑羅王，派遣其中一人到拘薩羅來，好讓他的臣民有機會見識行善範例。因此，面托迦的兒子檀那闍耶，便和他的家人一起搬到拘薩羅國，並且在首都舍衛城附近蓋了一座漂亮的沙枳多城(Sāketa)。毘舍佉就在這個品德高尚的家庭之中成長，世尊在此受到高度尊敬，隨行的比丘們經常受邀到此接受供養，並

宣說正法。

在拘薩羅國的首都舍衛城，住著一位富有的居士彌迦羅 (Migāra)，他有個兒子富樓那瓦達那(Puṇṇavaddhana)，當這兒 子成年時，雙親催他結婚，但富樓那瓦達那堅持只有在找到 具有「五美」——髮美、肉美、齒美、膚美與年輕之美的女 孩時，才願意娶她。

於是雙親僱請一隊婆羅門，到全國各地尋找符合這些嚴格條 件的女孩。這些婆羅門到各大城鎮去積極尋找，但都找不到 一個具備這「五美」的女孩。在回程途中，當他們到達沙枳 多時，看見才十五、或十六歲的毘舍佉，立即被她的美貌所 打動，她有四項符合他們少主的要求，唯一看不到的一項是 她的牙齒。為了看她的牙齒，他們決定和她交談。

他們找到她時，毘舍佉和同伴正要去河邊洗澡。那時正好下 起一陣大雷雨，其他女孩都倉皇跑開，以免被雨淋溼，但毘 舍佉卻繼續平靜而高雅地行走。這些婆羅門趨前問她，為什 麼她不像其他人一樣趕忙躲雨。她回答：「就像國王不會像 普通人跑去躲雨一樣，好家庭的女孩也不會跑去躲雨。此 外，由於身為未婚少女，我必須像照顧待價而沽的商品一樣 照顧好自己，以免受傷而變成無用之人。」❷

這些婆羅門對女孩的這段談話印象深刻，於是便去找女孩的 父親，為他們的少主求婚。檀那闍耶同意提親，不久之後，

彌迦羅與他的兒子富樓那瓦達那和全家便來迎娶新娘。拘薩羅國的波斯匿王聽到此事後，也和宮中上下一起加入迎娶的行列。

這些人全都在沙枳多受到新娘父親熱情與豐盛的款待，在此同時金匠們則忙著為新娘打造珠寶。三個月之後珠寶尚未完成，但柴火卻已在為眾多賓客煮飯的過程中用盡。之後持續兩週，他們拆掉舊屋，取下木頭作為煮飯的柴火；但珠寶還是未完成。於是沙枳多的人們取出衣櫥裡的衣服，浸油之後，拿它們來點火煮飯。兩週之後珠寶終於完成，浩浩蕩蕩的隊伍於是展開歸程。

檀那闍耶給女兒數百車滿載的絲綢、金、銀與侍女作為嫁妝，他還給她一群牲口，數量多到塞滿城中的所有街道。當這些牲口離開畜欄時，剩下的牛隻也扯斷繩索，加入行進中的行列。來自屬於檀那闍耶的十四個村落人民，都想追隨毘舍佉去她的新家，她所到之處都大受歡迎。毘舍佉所獲得的龐大財富與隨從，都是源於過去多世累積的善行，從她在無量劫前服侍蓮華上佛開始。

父親的十項叮嚀

當毘舍佉向她的父親告辭時，他以隱喻的形式給她十個建議

箴言，勸她始終都要重視布施。他也任命八位可靠的顧問詳細檢視女兒是否引起任何抱怨。父親所給她的十個建議箴言如下：

（一）不要將室內的火拿到外面；

（二）不要將室外的火拿到裡面；

（三）只給那些會給者；

（四）不給那些不給者；

（五）給那些既給又不給者；

（六）快樂地坐；

（七）快樂地吃；

（八）快樂地睡；

（九）注意火；

（十）尊敬在家神祇。

它們涵意如下：

（一）妻子不應對別人說丈夫或公婆的壞話，且不應在別處說
　　　他們的缺點或家庭不和；

（二）妻子不應聽其他家庭的流言或故事；

（三）東西只借給會歸還的人；

（四）東西不應借給不會歸還的人；

（五）應幫助貧窮的親戚與朋友，即使他們不會回報；

（六）妻子應以適宜的方式坐著，看到她的公婆或丈夫時，她

應站立不坐；

（七）妻子在吃飯之前，應先看公婆與丈夫是否已受到服侍，
　　　且應看她的僕人是否被妥善照顧；

（八）在晚上就寢之前，妻子應巡視所有的門是否關好，傢具
　　　是否安全，僕人是否善盡職責，並看公婆是否已休息。
　　　按照規定，妻子應在黎明即起，且除非身體不適，否則
　　　不應在白天睡覺；

（九）應將公婆與丈夫視為火，她應小心對待他們，就如在對
　　　待火一般；

（十）應該視公婆與丈夫為神祇。

仁慈與慷慨的善心

在她抵達舍衛城夫家那天，毘舍佉收到來自各階層，根據其
地位與能力，所贈予的各種禮物。但她非常仁慈與慷慨，附
上貼心的感謝辭後，又將它們回贈給贈予者，並將城裡所有
居民都視為自己的親屬。藉由這個高貴的舉動，她在來到夫
家的第一天，就受到城裡所有人的喜愛。

由她生命中的一件事，可以看出她對動物也很仁慈。聽到她
的駿馬在半夜生小馬，毘舍佉立即與侍女手持火炬趕到馬
廄，給馬匹一切所需的最大關心與照顧。

度化公婆，聞佛説法

她的公公彌迦羅是裸行外道的忠實信徒，雖然世尊經常住在附近的寺院，但他從未曾邀請佛陀到家裡應供。婚禮後不久，為了獲得福德，彌迦羅邀請一大群裸形沙門來家裡供養，他恭敬地對待他們並獻上美食。在他們抵達時，他告訴新媳婦：「來，親愛的！禮敬阿羅漢。」

毘舍佉聽到「阿羅漢」很高興，趕緊前往大廳，預期會見到佛教比丘。但是她只看到傲慢無禮的裸形沙門，令這位淑女無法忍受。她責備公公並轉身回房，沒有招待他們。這些裸形沙門惱羞成怒，責備這位巨富將喬達摩行者的女信徒引進家門，並且要求他立即將她趕出家門，彌迦羅只能極力安撫他們。

有一天，彌迦羅正在以金鉢吃豐盛的蜂蜜米粥，一位佛教比丘來他家乞食，毘舍佉正在為公公搖扇。她刻意站開，好讓彌迦羅能看到這位比丘並供養他。雖然這位比丘完全映入彌迦羅的眼簾，但他卻佯裝沒看到而繼續吃粥。

因此，毘舍佉對這位比丘說：「走吧，尊者！我公公正在吃不新鮮的食物。」❸彌迦羅很生氣，想要將媳婦逐出家門，但毘舍佉從自己家裡帶來的僕人們，卻拒絕執行命令。八位顧問得知彌迦羅對毘舍佉的抱怨後，經過商議判定毘舍佉並

無過失。

此事之後，毘舍佉告訴夫家她將回到父母那裡。彌迦羅請她原諒，毘舍佉同意留下，條件是允許她邀請佛陀與僧團到家裡應供。彌迦羅勉強答應，但遵從裸形沙門的建議，並未親自接待，只是基於禮貌，在飯後短暫地露臉，然後就退到簾幕後，聆聽佛陀開示。

不過，佛陀的話深深地打動了他，雖然隱身幕後，他還是洞見存在本質的究竟實相，達到入流果。他心中充滿無限感激地對毘舍佉說，從此以後他會敬她如母，並因而稱她為「彌迦羅母」(Migāra-mātā)。然後，他走向世尊，頂禮他的雙足，並宣誓皈依三寶。毘舍佉隔天又邀請佛陀來用餐，這次婆婆也達到入流果。從那時起，她們全家都成為佛陀和比丘、比丘尼僧團的忠實護持者。

護持僧團，布施第一

婚後毘舍佉生了至少十個兒子與十個女兒，這個數目一直延續到他們的第四代。毘舍佉自己活到一百二十歲的高齡，但（根據註釋）她始終維持十六歲女孩的外貌。這是由於福報與法喜的結果，她一整天都充滿喜悅。據說她的身體壯得像頭大象，可以操持龐大的家庭而不會感到疲累。

她每天都會找時間供養比丘,拜訪寺院,並確保比丘與比丘尼們的食物、衣服、住處與醫藥②無缺。最重要的是,她還會找時間一再聆聽佛法。因此世尊才說:「毘舍佉是護持僧團的第一女施主」(AN 1, chap. 14)。

興建「鹿母講堂」

對於此事,律藏中特別提到一件事。有一天,毘舍佉在聞法之後將珍貴的結婚首飾遺留在講堂,由阿難代為保管(Vin. 4:161)。她將這次遺失解釋為行善的良機,並決定不再戴此珠寶,她想賣了它,將所得的錢拿來供養僧團。但整個舍衛城沒有人買得起這個貴重的珠寶。

因此,她用其他的財產買回它,並且以賣珠寶的錢在舍衛城門前的東園(Pubbārāma)蓋了一座道場——「彌迦羅母講堂」(Migāramātu-pāsāda,即「鹿母講堂」),這座講堂經常在許多佛教經典的前言中被提起,因為佛陀在他生命的最後二十年時常待在這裡,就像他在另一個大施主蓋的祇園精舍③所作一般。

生平的幾件事

巴利藏經中提到毘舍佉生平的幾件事。有一次，一些聖弟子請她帶他們的妻子來見世尊。她如此做後，有些女人因喝醉了而表現不得體的行為。她問世尊麻醉性飲料的罪惡如何生起，於是他對她說《鳩槃本生》(*Kumbha Jātaka*, Jāt. 512)：森林中有個人發現樹洞中水果發酵的汁液，嚐過之後，感覺很亢奮，他便一再享用，很快就上癮了。他還引誘親友們來喝，而他們又輾轉將這個惡習傳染給別人。如果帝釋天王未出面制止，整個印度很快就會沈迷於酒精中；他出現在人間，向他們解釋飲酒的惡果。

另一次，毘舍佉送一些珍貴的禮物給鴦伽國的親戚時，邊界的守衛想向他們強索一筆高額的關稅。她向國王報告此事，但他因為政務繁忙而未加以處理。於是毘舍佉去找世尊，請他建議。佛陀只說了幾句簡短的偈頌，就解除了她的憂慮與憤怒：

> 心隨境轉皆是苦，
>
> 心能轉境方為樂；
>
> 世人皆被世事煩，
>
> 難得跳出此束縛。　　(Ud. 2:9)

還有一次，她白天頂著烈日去見世尊，因為總是幫她配發布施食物的心愛孫子達陀(Dattā)，突然去世了。當她向世尊訴說悲傷時，他問她是否想要擁有如舍衛城人民一樣多的子孫，她愉快地同意。「但舍衛城每天有多少人死亡呢？」世尊問。她想了一下後說：「世尊，在舍衛城每天有九、十個，三、五個，或兩個，至少會有一個人死亡。舍衛城沒有一天不死人。」世尊問她在這種情況下，她會不悲傷嗎？她說她必須承認，這樣她每一天都會感到悲傷。世尊說：

> 有一百個心愛的人，就會有一百個悲傷，那些有九十……五……四……三……二……一個心愛者的人，就會有一個悲傷，而那些沒有心愛者的人，則沒有悲傷。我說只有這樣，才會沒有憂、悲、苦、惱。 (Ud. 8:8)

佛陀回答毘舍佉提出的問題

持守齋戒的方式

在《增支部》的三部經典之中，世尊回答毘舍佉提出的問題。在一個滿月日，她來到鹿母講堂，受到佛陀歡迎。佛陀問她為何前來，她說自己正在持守齋戒（Uposatha，或譯「布薩」）④。

世尊對於這個未說出口的指導請求，給了一個長篇的開示(AN 3:70)，說明持守齋戒的兩種錯誤方式，與一種正確方式。牧牛者與一般居士的齋戒是，今日守戒卻一直想著明日的享受。聖者的真實齋戒是，持守八關齋戒，並憶念佛、法、僧、天與戒的偉大。❹佛陀接著描述諸天乃至梵界的快樂與生活，並以「人間的樂事和天界的喜悅相比是苦」作為總結。

如何轉生為「可意眾天」

毘舍佉所問的另一個問題是，女人具備何種特質，才能轉生為「可意眾天」(manāpakāyikā devā)⑤。佛陀回答有八個條件(AN 8:47)：

（一）對丈夫而言，無論他的表現如何，她始終是個令人愉快與歡喜的伴侶；

（二）她尊敬與照顧她丈夫敬愛的人——他的父母與受他敬仰的智者；

（三）她勤勞與仔細地做家事；

（四）她妥善監督僕人並真誠地關心他們，考慮他們的健康與食物；

（五）她守護丈夫的資產，不會浪費他的財富；

（六）她皈依佛、法、僧；

（七）她遵守五戒；

（八）她樂於布施與出離。

如何戰勝此世與來世

第三個問題是：女性具備何種特質才能戰勝此世與來世？世尊回答：她藉由勤勉、照顧僕人、敬愛丈夫與守護他的財產而戰勝此世；藉由正信、持戒、布施與智慧而戰勝來世(AN 8:49)。

與毘舍佉有關而制定的戒律

雨季期間可為人剃度

有一些僧伽戒律的制定都和毘舍佉有關。

例如，她有個侄子決定出家為僧，但當他向舍衛城的僧團提出請求時，他們卻告訴他僧團有共識，在三個月的雨安居期間不為人剃度，因此他必須等到雨安居結束。

但雨季過去之後，他已放棄出家的想法。毘舍佉知道此事之後，便找世尊並說：「法是沒有時間性的，沒有什麼時間不能依法而行。」於是世尊規定雨季期間不能拒絕為人剃度(Vin 1:153)。

供養僧團的八種方式

有一次當世尊與僧團在毘舍佉家作客時，她請世尊答應她的八種恩惠(Vin. 1:290-294)。他回答佛陀並不承諾恩惠，她說不是希求有過的事，而是正當的事。世尊讓她說出她的願望，於是她請求以八種方式供養僧團：

（一）為比丘提供雨衣；

（二）為抵達的比丘提供食物；

（三）為出發遊方的比丘提供食物；

（四）為生病的比丘提供醫藥；

（五）為生病的比丘提供食物；

（六）為照顧病者的比丘提供食物；

（七）定時配發米粥；

（八）為去河邊洗澡的比丘尼提供浴衣。

於是，世尊問她作這些請求有什麼特殊的理由。她如此詳細解釋：

（一）為了保存衣服，有些比丘被迫在滂沱大雨中半裸行走，因而被誤認為裸形沙門，因此想為比丘提供雨衣。

（二）剛抵達舍衛城的比丘還不熟悉環境，獲得食物有困難，又必須不顧旅途勞頓去托缽乞食，因此想為抵達的比丘提供食物。

（三）以同樣的理由，想為出發遊方的比丘提供食物。

關於（四）與（五），如果生病的比丘缺乏適當的醫藥與食物，一定會很痛苦，甚至可能會死，因此想為他們提供醫藥與食物；

（六）照顧病者的比丘必須同時為自己與病人托缽乞食，他很容易延遲，而兩人可能都因為超過中午而無法進食，因此想為照顧病者的比丘提供食物。

（七）聽說清晨吃粥有許多利益，因此想為僧團提供米粥。

（八）比丘尼不穿衣服洗澡實不適宜，如近來發生過的事⑥，因此想為去河邊洗澡的比丘尼，提供適當的遮掩。

在毘舍佉詳細解釋她願望的外在利益之後，世尊問她預期的內在利益是什麼。由她的回答中可以看出，她對外在德行與內在修心的了解有多麼微細與深入：

> 大師！若有比丘在別處度過雨安居來到舍衛城見世尊。他們拜見世尊之後會問他：「大師！某某比丘已經去世，他的目標是哪裡？會轉生何處呢？」世尊會說他已達到入流果，或一來果，或不來果，或阿羅漢果。我會去找這些比丘並問：「法師！那名比丘曾來過舍衛城嗎？」如果他們回答有，我便會知道那名比丘曾使用過雨衣、到訪食物、遊方食物、病人或照顧病者食物、病人醫藥或清晨米粥。當我想到此事，便會高興；當我高興，便會快樂；當我內

心快樂，身體便會輕安；當我身體輕安，便會感到喜樂；當我感到喜樂，便會得到禪定，那會為我帶來五根、五力與七覺支。❺大師！這就是我向世尊請求八種施恩所預見的利益。

「好，好，毘舍佉！」佛陀回答：「你預見這些利益而向世尊請求這八種恩惠很好，我答應你這八惠。」

這就是毘舍佉——「彌迦羅母」（鹿母）精彩的一生，她是在家女弟子的典範，對三寶具備堅定的信心，安住在入流果上，向快樂的轉世與究竟解脫痛苦邁進。

原註

❶ 毘舍佉前世與婚姻故事的主要來源是《法句經註》（針對第53頌）與《增支部註》（針對〈是第一品〉）。見BL, 2:59-84。

❷ 那時依照印度習俗，在結婚前必須給新娘父母一筆聘金。

❸ 不新鮮的剩飯是賤民、僕人與乞丐所吃的。毘舍佉是想指出彌伽羅在消耗前世的業報，而忽略了為來世的善報積聚善業。

❹ 在布薩日遵守八關齋戒（aṭṭhasīla），是在家佛教徒每日遵守的基本五戒（不殺生、不偷盜、不邪淫、不妄語與不飲酒）的延伸。八戒中的第三戒，從不邪淫換成不淫。另外新增的三戒是：（六）不非時食（即過午不食）；（七）不歌舞觀聽與香花塗鬘；（八）不坐臥高廣大床。

❺ 五根與五力是：信、進、念、定、慧。七覺支是：念、擇法、精進、喜、輕安、定、捨。（譯按：五根是一切善法生起的根本，也是生聖道的根本。五力是於前五根，有增長發生的力量，能破惡成善。七覺支是七種使人覺悟的因素，能引領行者到達涅槃。）

譯註

① 辟支佛：在沒有老師的幫助下而達到覺悟的人，類似無上的佛陀，但他並未像無上的佛陀一樣建立教團。據說只有在無上佛陀的教法不為世人所知的時期，辟支佛才會出現。請參考李爾‧克羅潘伯格（Ria Kloppenborg）的《辟支佛：佛教沙門》（*The Paccekabuddha: A Buddhist Ascetic*, BPS, Wheel No. 305/307, 1983）。

② 這些是僧伽維持基本生存的四種生活資具。

③ 即「祇樹給孤獨園」，由給孤獨長者發心興建。因為這場所腹地廣大，便於容納許多信眾前來聞法，以及出家人住宿，有許多佛經的開頭，都說明佛陀在此地點說法。所以，此精舍在佛教史上的地位極其重要。詳見本書第二部‧第一章〈給孤獨長者成為佛弟子〉，頁196。

⑦ 布薩日是特殊的宗教儀式，大布薩是指在陰曆的滿月與新月日。此時比丘們合誦別解脫戒，在家佛教徒則誦另外的戒，聆聽開示，並修禪。小布薩則在兩個半月日舉行。

⑧ 可意眾天 (manāpakāyikā devā)：能做的一切非凡之事的天神。例如，能瞬間變換想要的顏色，隨意發出各種聲音與音響，並立即得到任何歡樂。阿那律曾心中希望她們變成藍色，果然她們能讀到他的心思，全都變成藍色，穿著藍衣、佩戴藍飾。詳見巴利佛典【佛陀的聖弟子傳】(3)《阿那律‧迦旃延‧央掘摩羅‧質多比丘》，頁90-93。

⑨ 有比丘尼露身在河水、池水、渠水中洗浴，有些賊女、淫女看見，就引誘她們應趁年少，於愛欲中共相娛樂，等年老時再來修行。因此，有些年少的比丘尼便不樂道而還俗。而有些居士則譏嫌她們不知慚愧，猶如賊女、淫女。所以佛陀便制戒，不許比丘尼露身在河水、池水、渠水中洗浴。

第二章

賣花女皇后：摩利迦

在佛世時，舍衛城有個製作花鬘團體領袖的女兒，她美麗、聰明又大方，是父親喜悅的泉源，名叫摩利迦（Mallikā，即末利夫人）。

賣花女成為波斯匿王的皇后

她剛滿十六歲時的某一天，和一群女伴到公共花園遊玩，籃子裡帶著三份發酵米作為午餐。❶當她出城時，一群沙門正好要進城托缽乞食。其中一人相貌莊嚴出眾，令她深受感動，遂將籃中所有食物供養他。

那位偉大的沙門即是佛陀——正等正覺者，他讓她將食物放入缽中。在不知供養對象是誰的情況下，摩利迦頂禮他的雙足之後，便歡喜地繼續往前走。佛陀笑了，阿難相當清楚佛陀絕對不會無緣無故地微笑，便問他原因。佛陀回答，這女孩今天就會得到布施的利益，成為拘薩羅國的皇后。

這聽起來很難令人相信，拘薩羅的國王怎麼會拔擢一個低下

種姓的女人擔任皇后呢？在那個時代的印度，有著嚴格的種姓制度，此事似乎不太可能。

統理恆河流域的波羅奈與拘薩羅國者是波斯匿王，他是當時最有權勢的君主。那時他正和鄰國摩揭陀弒父的阿闍世王作戰，後者打了一場勝仗，波斯匿王被迫撤退。當他騎馬返回首都時，於進城之前聽到一個女孩在花園裡唱歌。那是摩利迦，她因為遇見光輝的聖者而唱著悅耳的歌聲。

國王被歌聲吸引而進入花園。摩利迦看到這位陌生的武士並未跑開，反而走近，牽著馬的轡繩，筆直凝視國王的眼睛。他問她是否已結婚，她回答沒有。因此他便下馬，把頭靠在她的膝上，讓她安慰他戰場的失意。在恢復精神之後，他讓她上馬坐在後面，帶她回她父母家。晚上他派遣一組盛裝的隊伍來迎接她進宮，作他的妻子與皇后。

從那時起，她便受到波斯匿王的鍾愛，她被賜予許多忠僕，而她的美麗讓她像女神般莊嚴。之後全國都知道，她因為簡單的布施，而獲得全國最高的地位，眾人都對她留下仁慈與慷慨的好印象。無論她到哪裡，人們都會歡呼：「那是布施佛陀的摩利迦皇后。」

向佛陀請法，皈依三寶

在成為皇后之後，她很快便去拜訪佛陀，請他為她澄清一些心中的疑惑：為什麼有的女人美麗、富裕又很有權力；有的美麗，但貧窮與無權；有的雖醜陋，但富裕而有權；而有的則醜陋、貧窮又無權。在日常生活中經常能看到這些差異，但一般人總是接受命運、遺傳與機會等陳腔濫調，摩利迦皇后想更深入了解，因為她相信事情不會無故發生。

佛陀向她詳細解釋，每個地方人民的特質與生活條件，都反映了他們前世行為的道德本質。美麗是源自於忍耐與和善；財富是源自於布施；權力則是源自於不嫉妒別人的成功，反而還隨喜讚歎。曾修習這三種美德者，呈現出來便成了他們的「命運」，那通常是這三者的綜合體。同時具足這三種特質者很少。

摩利迦聽完這段開示之後，便決心要一直善待她的臣民，永遠不責罵他們；要布施一切比丘、婆羅門與窮人；並且永遠不嫉妒任何快樂的人。佛陀談話結束之後，她便皈依三寶，一直到死都是個忠實的弟子(AN 4:197)。

慷慨、和善的妻子

摩利迦不只藉由經常施食顯示她的慷慨大度,她還為僧伽蓋了一座以黑檀木裝潢的大型講堂,作為討論法義之用(MN 78; DN 9)。

她展現完美妻子的五種和善特質服侍她的丈夫:總是比他早起,總是比他晚睡,總是遵從他的命令,總是保持謙虛,並且只使用和言愛語。甚至連比丘們在討論戒德時,都稱讚她的慈善。

不久之後,她也證明她沒有嫉妒心。國王決定再娶一個妻子,他帶佛陀的一個堂妹回家作為第二個妃子。雖然一般人都說女人無法容許對手踏入她的家門,但摩利迦卻對這個妃子毫無惡意(AN 6:52)。兩個女人在宮中和平、和諧地共處,即使這名妃子後來生了兒子,而摩利迦皇后卻只有一個女兒,她也毫不嫉妒。

當國王抱怨她生女兒時,佛陀卻對他說,如果女子聰明、正直、大方與忠實,則她勝過男子。她可能會成為偉大君王的妻子,並生出轉輪聖王(SN 3:16)。事實上,這個女兒婆夷利(Vajirī)公主長大後,果真成為摩揭陀國的皇后。

波斯匿王的十六個噩夢

在摩利迦成為忠實的在家佛弟子之後,她也使丈夫歸向佛法。事情發生的經過如下:有一晚,國王接連作了十六個噩夢,夢中他聽到四種可怕而難以理解的聲音:「如、喂、非、哎。」他半夜醒來,感到非常害怕,起身坐直,一直顫抖到天亮。

翌日,當婆羅門祭司問他是否睡得安穩時,他描述當晚的恐怖,並問他們應該如何做才能對抗這種不祥的事。婆羅門們說,他必須大舉祭祀以安撫惡靈,國王因為害怕而同意這個建議。

婆羅門們很高興,心想舉辦祭祀一定能從中獲益,於是便趕緊展開準備工作。他們蓋了一個祭壇,許多動物被綁在柱子上作為供品。為了更有效力,他們還需要四個人作為犧牲,這些人被綁在柱子上等待處決。

當摩利迦知道這件事時,她問國王為何婆羅門們興高采烈並滿懷期待地趕工。國王回答,她對他不夠關心,因此不知道他的苦悶。於是告訴她那個噩夢,摩利迦問他是否問過第一與最佳的梵志——人天中第一與婆羅門中最佳的佛陀,有關於這個夢的意義。於是,波斯匿王決定去祇園精舍聽取佛陀的建議。

他向佛陀說出夢境，並詢問會發生什麼事。「沒事，」佛陀回答，並向他解釋此夢的意義。他說，這十六個夢是預言，顯示世間的生活情況會愈來愈敗壞，因為國王們的道德愈來愈鬆弛。在禪定的片刻中，波斯匿王能看到一些未來會發生的事，因為他是個關心人民福祉的君王。

他所聽到的四個聲音，屬於四個住在舍衛城專門誘惑已婚女人的人。他們因為所做的壞事，都已墮入地獄，溺沒在熱火爐中三萬年，愈接近爐火，痛苦便愈難以忍受。在另一個三萬年，他們在熱火爐中緩慢上升，如今已接近邊緣，他們終於可以再次呼吸到人間的空氣。

他們每個人都想說一首偈頌，但因為惡業沈重而開不了口，甚至連痛苦的嘆息聲也發不出來，因為他們已失去說話的能力太久了。這四首偈頌分別是以「如、喂、非、哎」開始，佛陀認出它們是：

如：如糞生活吾等過，
　　不請自來莫奈何。
　　雖然已經歷許多，
　　全非吾等之所願。

喂：喂，終點已近嗎？

雖已經過六萬年；
在此地獄惡道中，
折磨永無喘息時。

非：非，終點非已近。
　　啊，願它快結束！
　　終點仍然不可見。
　　此地誰曾造罪業，
　　自作自受爲吾等。

哎：哎，若能離此地，
　　使我自己升人間，
　　吾將仁慈與持戒，
　　並且做廣大善事。

國王聽完這些解釋之後，對慈悲皇后的請求心有所感。他大
赦囚犯與畜生，並下令拆除祭壇(Jāt. 77, 314)。

請佛陀派比丘至宮中說法

後來成爲虔誠佛陀弟子的國王，有一天又去拜訪佛陀時，遇

見一個睿智而博學的在家人。國王問他是否可以每天教導兩位皇后與其他宮中仕女佛法。對方回答，來自佛陀的教法，只有出家弟子能傳給女人。

國王了解此事，便請求佛陀准許一位比丘來教導，佛陀於是派遣阿難尊者擔任這項工作。摩利迦皇后雖未曾受過教育，卻輕易地就學會了，而佛陀的堂妹——王子的母親婆娑婆卡提雅(Vasabhakhattiyā)王妃卻不專心，因此難以學會(Vin. 4:158)。

暗示佛陀制戒不許比丘水中嬉戲

有一天，國王夫婦從宮廷俯視河中，看見一群佛教比丘在水中嬉戲。國王略帶責備地對摩利迦皇后說：「那些在水中嬉戲者應該都是阿羅漢。」這些人素有「十七群比丘」的稱謂，他們都很年輕並且戒行良好。摩利迦回答，她只能如此解釋，可能佛陀並未制定洗澡的相關規定，或者這些比丘不熟悉它們，因為它們並不在經常誦持的戒律中。

兩人都同意這樣會給在家人留下不好的印象，且如果那些增上修行者，像世俗凡夫般放縱自己在水中嬉戲享樂，對於那些修行還未穩固的比丘也不好。

但波斯匿王並不想詆毀那些比丘的名聲，他只想給佛陀一個

暗示，好讓他制定一條清楚的戒律。他想到要送一份特別的禮物給佛陀，由那些比丘代轉，當他們轉交禮物時，佛陀問他們是在什麼場合遇見國王。他們據實以告，於是佛陀制定了一條對應的規定(Vin. 4:112)[①]。

最愛的人是自己

有一天國王和皇后站在宮中的陽台上俯視土地，他問她在這世上是否愛過任何人勝過她自己。他預期她會說是他，因為他自認是賜予她崇高名聲與財富的人。

她雖然愛他，但仍忠實地回答，她不曾愛過任何人勝過她自己。然後她想知道他怎麼想，便問國王他愛過任何人——可能是她——勝過他自己嗎？然而，國王也必須承認，他最愛的還是自己。他去找佛陀詢問此事，他想知道聖者會如何思考此事。

佛陀證實他們的說法，但從中引申出慈悲與非暴力的一課：

> 用心遍巡各角落，
>
> 無處親愛勝自己，
>
> 他人亦最愛自己；
>
> 故自愛不應害他。 (SN 3:8; Ud. 5:1)

痛苦源自於貪愛

有一天，一個人來找佛陀，他因為喪失獨子而心痛欲絕，吃不下飯，也無法工作。他非常沮喪，所有時間都在墓地哭喊：「我的愛兒，你在哪裡？我的愛兒，你在哪裡？」

佛陀為他上了嚴酷的一課：「那些親愛的人，帶來憂、悲、苦、惱與失望」──痛苦源自於貪愛。雖然他自己的經驗支持佛陀的話，這個人卻憎恨這句箴言並氣憤地離開。這段談話後來傳到國王那裡，他問妻子悲傷是否真的來自於愛。「大王！如果佛陀如此說，那麼它就是。」她忠實地回答。

國王抗議她像弟子對待上師般，接受佛陀的每一句話。於是她派使者去找佛陀，詢問報導是否屬實，並想獲得進一步的細節。佛陀證實它，並給了一個更完整的解釋。

但摩利迦並未將佛陀的回答直接傳給國王，她用了一個間接的方法。她問國王是否愛女兒、妃子、王子、她自己與王國，他當然承認這五者是他最親近與深愛的。摩利迦便繼續探問，如果這五者發生什麼事，難道他不會感到憂、悲、苦、惱與失望？因為它們都是來自於愛。

於是國王了解了，且知道佛陀的智慧有多麼深廣，能洞見一切事物：「很好，摩利迦！繼續尊敬他。」國王起身，偏袒右肩，朝世尊所在的方向禮拜三次，並三稱：「頂禮世尊，

阿羅漢、正等正覺者！」(MN 87)

波斯匿王夫婦的前世

但他們的生活並非一直都那麼平順。有一天，兩人對於皇后的職責起了一次爭執，國王因為某個原因對她很生氣，並刻意忽視她。當佛陀翌日到宮中接受供養時，他問起以前總是在場的皇后。

波斯匿王皺了皺眉說：「她怎麼了？她因為名氣太大而發瘋了。」佛陀回答，是他自己提拔她到今日的地位，因此他應該與她和解。國王有些不情願地召喚她前來，佛陀於是稱讚和睦之福，而他們也盡釋前嫌(Jāt. 306)。

然而，之後他們之間又發生一次摩擦，國王再次對她視若無睹，假裝她不存在。當佛陀知道此事時，他問起她，波斯匿王說她被好運沖昏了頭。佛陀立即提起他們前世的一件事，兩人原是一對天界的恩愛夫妻，有一晚因為河水氾濫而被迫分開，他們為這個無可挽回的夜晚感到惋惜，那在他們的千年壽命中是無可取代的。他們餘生都不曾再分開過，且一直以這次分離為警惕，因此他們的快樂才能一直持續到生命結束。國王聽到這個故事很感動，便主動和皇后和好。於是摩利迦對佛陀說出這首偈頌：

歡喜聆聽汝言語，

爲利吾等而宣說：

汝之談話掃吾憂，

祝長壽賜喜沙門！ (Jāt. 504)

第三次，佛陀說這對王室夫妻的前世，當時波斯匿王是王子，摩利迦是他的妻子。王子罹患痲瘋病，必須宣佈放棄王位，他決定退隱山林，避免自己成為任何人的負擔。然而妻子不願拋下他，她竭盡心力地陪伴、照顧他。她捨棄無憂無慮的富貴生活，而選擇忠於別人避之唯恐不及的丈夫。

透過她戒德的力量，終於使他恢復健康。國王登基之後，她理所當然成為皇后，但他很快就忘了她，終日沈迷於聲色之中。一直到別人提醒他皇后的美德時，才幡然醒悟，請求她的原諒，從此他們一直過著和諧與正直的生活(Jāt. 519)。

摩利迦死後墮入地獄

摩利迦在這一世中只犯過一次惡業，後來導致她轉生惡道。有一次，當她洗完澡在弄乾身體時，她的寵物狗從後面撲上來騎在她身上。她並未將狗趕走，而讓牠繼續。國王從打開的窗戶瞥見這件異乎尋常的事，為此責罵摩利迦。然而皇后

不承認她的罪，而堅持自己的無辜，並一直要國王相信是他看走了眼。❷

摩利迦死後，她的兩種罪過——與狗性接觸，以及說謊試圖為自己開罪——為她帶來惡果，使她墮入地獄。然而，這個惡報只持續七天，之後摩利迦的大福報便取而代之。她去世時，波斯匿王正在聆聽佛陀開示，消息傳到他耳中，令他深受打擊。即使佛陀提醒他，世上沒有任何事能逃得過老與死，也無法安撫他的悲傷(AN 5:49)。

摩利迦轉生兜率天

他「由愛生悲」的貪著如此強烈，使他每天都去找佛陀，詢問妻子未來的命運。如果他必須失去她而獨活於世，那麼至少他想知道她轉世的情形。

但佛陀接連七天，都透過有趣與動人的佛法開示引開他的問題，直到第七天，佛陀才回答他的問題，說摩利迦已轉生到兜率天(Tusita)②——「喜樂之天」。

為了不增加國王的悲傷，他並未提到摩利迦在地獄的七天。雖然她在那裡只是短暫逗留，但我們由此可看出，摩利迦在世時尚未證得入流果，因為入流者不會轉生三惡道。然而，這次地獄的痛苦經驗，加上她對佛法的了解，一定已讓摩利

迦的入流果迅速成熟。

原註

❶ 來源：Jāt. 415。

❷ 《法句經註》（針對第151頌）；見BL, 2:340-342。

譯註

① 《巴利律》規定：「若比丘在水中嬉戲，犯懺悔。」水中嬉戲是指「在超過腳踝的水中，浮、沉、游泳。」

② 兜率天是欲界的第四天。世尊成佛以前，在兜率天，從天降生人間成佛。未來成佛的彌勒，也住在兜率天，將來也從兜率天下降成佛。

第三章

斷除欲樂的大智慧者：讖摩

就如佛陀在比丘僧團中，任命舍利弗與目犍連兩位上首弟子般，他也任命兩位女性為比丘尼僧團的第一弟子，她們分別是「神通第一」的蓮華色(Uppalavaṇṇā) 比丘尼，與「智慧第一」的讖摩(Khemā) 比丘尼(AN 1, chap. 14)。佛陀舉出這兩人為所有比丘尼效法的榜樣與模範，其他比丘尼可以此為標準來評估自己(SN 17:24)。

了解生命無常而證得阿羅漢果

「讖摩」的巴利語原意為「安穩」，是「涅槃」的同義詞。讖摩比丘尼屬於摩揭陀國的皇族，看起來非常白皙漂亮，她一達到適婚年齡，便成為頻婆娑羅王(Bimbisāra)的嬪妃之一。頻婆娑羅王是入流者，也是佛陀的大施主，他將自己的竹園捐給僧伽，且非常關心與照顧比丘們。

不過，雖然讖摩經常從國王口中聽到佛陀的事，她卻拒絕去見他，擔心他會批評她的美色，並對她說欲樂的虛幻，她對

這些非常執著。然而，國王想到一個誘使她聞法的方法。❶
他雇了一群歌手，向她歌頌竹林精舍的和諧、平靜與莊嚴，
由於讖摩很喜歡自然之美，因此決定去拜訪那裡。

她以絲綢與檀香盛裝打扮，緩緩地走向佛陀正在說法的講
堂。佛陀能讀出她的心思，便以神通力變現出一個美麗的少
女，站在他身邊為他搖扇。讖摩被這美女所吸引，心想：
「我從未看過這麼美的女人，我自己根本遠不如她，別人都說
喬達摩沙門貶抑美色，他們一定是誤解他了。」

佛陀接著便讓這個變現的美女從年輕變到中年，然後再到老
年，有著殘缺的牙齒、灰白的頭髮與發皺的皮膚，最後倒在
地上一命嗚呼。這時，她才了解外在美麗的虛幻與生命的無
常。她心想：「這個身體竟然會像那樣毀壞？那麼我的身體
一定也會步上這樣的命運。」

佛陀讀出她的心，並說：

讖摩！瞧此堆元素，

生病、不淨與腐爛，

四處淌流與滲出，

唯有愚者才貪愛。

聽到偈頌的結尾時，讖摩便安住在入流果上。但佛陀繼續教

導她，並以另一個偈頌結束他的開示：

> 彼等欲奴隨波流，
> 如蛛滑行自網中。
> 若能斷此則智者，
> 平等行向所捨樂。　(Dhp. 347)

讖摩當下徹底覺悟，雖然身上仍穿著皇室華服，卻已達到阿羅漢果與四無礙解智①。之後，得到丈夫的同意，她加入了比丘尼僧團。

喜好真理，廣植福田

普通人聽到讖摩的故事，只看到當下發生的奇蹟，然而佛陀卻能看得更遠，知道這女人究竟解脫絕非偶然或好運。這種成就，幾乎就如閃電一樣，只有在一個人智慧的種子經過長期培育已臻成熟，且戒行圓滿才可能發生。

在過去世中，讖摩已經在許多佛陀座下廣植福田。由於她生性喜好最高真理，因此總是生在有佛——真理持有者——住世的地方。據說她在十萬劫前就已為了供養蓮華上佛，而賣掉美麗的頭髮。

在九十一劫前的毘婆尸佛時，她曾是比丘尼與法師。此外，據經典描述，在喬達摩佛之前的賢劫三佛教化時期，她曾經是個在家弟子，經由為僧伽造寺獲得快樂。

努力接近智慧的源頭

在佛陀住世期間，當多數眾生還在天堂與地獄流轉時，讖摩總是努力接近智慧的源頭。當無佛出世時，她會轉生到有辟支佛或鄰近菩薩（未來的喬達摩佛）的地方。在一次轉世中(Jāt. 354)，她是菩薩的妻子，菩薩總是如此勸誡他的家人：

> 視己財力行布施，
> 遵守布薩持淨戒，
> 安住死亡之正念②。
> 似吾等眾生之例，
> 死亡確定生不定，
> 諸法終有壞滅時，
> 日夜均應有正知③。

有一天，讖摩此世的獨子突然被毒蛇咬死，但她卻能保持平常心：

未請他自來，未令速離去：
來去皆一樣，悲哀因何起？
親友之嘆息，難及死者灰：
爲何吾感傷？彼走必行路。
禁食或哭泣，於我有何益？
徒令吾親友，平添愁與苦。
親友之歎息，難及死者灰：
爲何吾感傷？彼走必行路。❷

遵行十德的戒律生活

還有一次，她是菩薩的媳婦(Jāt. 397)，一位偉大的皇后，多次夢想得到菩薩的教法，之後真的得到這個法(Jāt. 501, 502, 534)。

經中還提到當她是皇后時，她的夫君是未來的舍利弗。這個丈夫在前世是個正直的國王，持守君王十德：布施、持戒、出離、忠誠、仁慈、忍辱、和睦、不害、謙卑與正義。因為這十德，國王過著快樂與幸福的生活，讖摩也遵行這些戒律生活(Jāt. 534)。

正因讖摩已經在多次前世中淨化自己的心，已經相當成熟，所以才能在第一次遇見佛陀時，就在瞬間覺悟究竟實相。

戰勝魔羅的誘惑

讖摩對於愛欲的態度轉變,從《長老尼偈》所記載的對話中即可明顯看出,她在其中回絕迷人誘惑者的提議。根據註釋,這個誘惑者其實就是魔羅(Māra) ④,他設法打消她追求解脫之心,卻白忙一場,因為她已經是個阿羅漢:

「汝既年輕又美麗,
吾亦正值年少時。
五樂和合齊奏起,
速來與吾同交歡。」

「於此惡臭之肉體,
吾既反感且羞愧,
受病所苦與脆弱;
吾已斷除欲愛貪。

欲愛之樂如利刃,
五蘊為彼之砧板,
汝所謂五欲諸樂,
於吾毫無樂之有。

一切欲樂斷除盡，

闇黑無明已驅散。

魔羅汝當知此事，

汝已戰敗被根除。」　(Thig. 139-142)

波斯匿王請問有關如來的四種見解

佛陀稱讚讖摩是比丘尼中「智慧第一」者。《相應部》(SN 44:1)的一段對話也證實此事，它描述她的智慧如何對波斯匿王產生深遠的影響。

國王正在拘薩羅國旅行，晚上抵達一個小鎮。他想和人作心靈對話，便命令僕人去尋找鎮中睿智的沙門或婆羅門。僕人四處打聽，卻都找不到主人想要與之交談的沙門或婆羅門，但他得知有位佛陀的比丘尼弟子住在城中。她就是聖者讖摩，以智慧、多聞與辯才而聞名四方。

國王接獲報告後去見她，恭敬地問候她，並問她如來──解脫聖者──死後的情形：

「如來──佛陀──死後存在嗎？」

「世尊不說如來死後存在。」

「那麼如來死後不存在嗎？」

「世尊也不這麼說。」

「那麼如來死後既存在，又不存在嗎？」

「世尊並不這麼說。」

「那麼如來死後既不存在，又非不存在嗎？」

「世尊也不這麼說。」

以自我的概念想像如來

於是國王想知道為何佛陀拒絕這四種答案。想要了解這個原因，我們必須先了解這四種見解的涵意。有關如來的見解，這裡不只是指無上的佛陀，而是包括所有解脫的聖者。然而，這四種見解卻以自我的概念，來想像如來，先假設這位解脫的聖者是個具有實體的自我，這個論點與那個自我的命運是相互矛盾的。

第一個見解，受到「有愛」的制約，認為那些已達到最高目標者，死後仍然以某種形而上的方式，例如分別的個體，或融入某種超人格的心靈本質形式，而繼續存在。這是多數宗教所給的答案，包括幾種佛教的後期詮釋在內。

第二個答案——如來死後不存在——反映了「無有愛」，對滅盡的渴愛。理論家視佛陀為實存自我，他死後的命運是完全滅盡。從這個觀點來看，解脫不過是真實自我的絕對消失。

第三個答案尋求一個折衷方案：如來身上一切無常的事物死時都會滅盡，但恆常的本質——他的靈魂，則會繼續存在。

第四個答案試圖藉由「雙重否定」來跳脫困境，這個方法是一種懷疑論，仍然暗藏如來是真實自我的概念。

這四種方式都被佛陀斥為邪見，它們都假設有一個「我」獨存於世間，這個「我」不是被高舉為永恆的生命，就是被消滅打入虛無的深淵。但事實上，「我」與「世間」都只是建立在構成經驗過程之五蘊基礎上的抽象概念，只有諸佛與睿智的弟子才能如實見到這點。

不具備這種智見的人，就會落入四種邪見之中。他們假設有個「我」——一個常存的「自我」，在生死輪迴中流轉，它逐步提升直到解脫進入梵界為止。他們或認為解脫只是真實自我的消滅；或採取折衷的立場；或落入懷疑論中。

「我」或「世間」是不斷變動的過程

然而佛陀卻教導，沒有一個真實的「我」或「自我」可以被投射入永恆，或完全消滅，這種實存的自我根本不存在，也不在生死輪迴中流轉。所謂的「我」或「世間」其實是一種不斷變動的過程，一直在流動。這個過程形成「我」與「世間」的假象，它們後來成為推想過去來源與未來命運的對象。解脫之道必須停止「我」的推想，放棄我們習慣性的見

解與公式，並在我見形成的基礎——身心的具體過程上，直接檢視現象。

解脫是修行得來的，不是藉由推理玄想，而是藉由正念觀察五蘊——色、受、想、行、識的生滅。這些現象都是由因生起，因此它們是無常的，是會衰滅的。但凡是無常且會衰滅的事物，就不可能是自我。由於五蘊都會衰滅，它們會生病、瓦解與消逝，因此不是「我的」自性，也不是「我所有」。它們只是因緣和合而生的現象，是緣起性空的。

由於一切我見都只是心的妄想，是推理的產物，因此任何如來死後的命題都只是一種假象，源自於對確定性概念的渴想。一切遵從佛陀教法者，例如讖摩比丘尼，都很篤定地了解佛陀並未教導自性滅盡。我們活在一個恆常毀壞與無法控制的變易世界中，在死亡的領域中，我們認為是「我」與「我所有」的一切事物，都不斷地在消逝。只有放下這些事物，我們才可能達到真正安穩的皈依處。因此佛陀說：「涅槃之門已開啓，惟具耳者能信入。」

如來不可定義

讖摩在和波斯匿王的討論過程中，舉了一個比喻。她問國王，他是否有善巧的數學家或統計學家能計算恆河中有多少粒沙子。國王回答這是不可能的，因為恆河沙是算不清、不

可數的。她再問國王，他是否知道有任何人能算出大海中有多少加侖的水。國王還是一樣認為這是不可能的，因為大海深不可測，難以度量。

於是，讖摩說如來也一樣，任何人想定義佛陀，都只能經由五蘊，但那些已經覺悟者，都已不再執持它們作為個人的身分：「如來無法被以色、受、想、行、識衡量，他像大海一樣深不可測，難以度量。」因此，不適合說如來死後存在；或不存在；或既存在，又不存在；或既不存在，又非不存在。這些命題，沒有一個能定義那不可定義的如來。

國王對於讖摩比丘尼的睿智解釋，感到很高興。之後，他遇見佛陀，並問他同樣那四個問題，大師的回答和讖摩完全相同，並且用字也一模一樣。國王很驚訝，遂將他與聖比丘尼讖摩，這位「智慧第一」女弟子的對話重述一次。

原註

❶ 出處：《法句經註》（針對第347頌），Thig. vv. 139-144與註釋；Ap. ii, 2:8。見 BL, 3:225-226。

❷ 由法蘭西斯（H. T. Francis）翻譯，在柯威爾（Kowell）編的《本生經》（*The Jataka* 3:110）中。

譯註

① 四無礙解智：（一）義無礙解智，洞見教法的意義，了知其內涵與脈絡，能從事

物的由「因」而推到「果」。（二）法無礙解智，了知教法在佛法架構裡的關連，以及從事物的「果」溯及「因」。（三）詞無礙解智，能理解教法的語言、文法與詞形變化。（四）辯無礙解智，是率前三種智去闡釋教法，以喚醒他人覺悟的能力。

② 正念：「念」是將心穩定地繫在所緣的對象上，清楚、專注地覺察實際發生於身上、身內的事，不忘卻也不讓它消失。正念是八正道的第七支，有正念才能產生正定。它也是七覺支的第一支，為培育其他六支的基礎。它也是五根、五力之一，有督導其他四根、四力平衡發展的作用。

③ 正知：即於當下清楚覺知，通常與正念同時生起。正知共有四種：（一）有益正知：了知行動是否有益的智慧；（二）適宜正知：了知行動是否適宜的智慧；（三）行處正知：了知心是否不斷地專注於修止、觀業處的智慧；（四）不痴正知：如實了知身心無常、苦、無我本質的智慧。

④ 魔羅(Māra)：即殺者、奪命、能奪、能奪命者、障礙或惡魔。一切煩惱、疑惑、迷戀等，能擾亂眾生者，均稱為「魔羅」。

第四章

善辯行者：跋陀軍陀羅拘夷薩

在摩揭陀國的首都王舍城，住著一位家境良好的女孩跋陀
（Bhaddā，意譯為「賢者」），是個富商的獨生女。❶她的父母
將她幽禁在 一棟七層樓房的頂樓，因為她的性格熱情，他們
擔心她性意識的覺醒會為她帶來麻煩。

為了自衛而犯下殺夫之罪

有一天，跋陀聽到街上的喧譁聲，她便從窗戶探頭出去，看
到一個罪犯正要被帶往刑場。他是車站的一個年輕人，後來
變成竊賊，被逮到時他正在搶劫。跋陀一看見他就愛上他，
於是躺在床上拒絕吃飯，除非她可以和他結婚。父母親嘗試
勸她別做這種傻事，但她卻死心塌地。於是她那有錢的父親
便用巨款賄賂守衛，請他將此人帶到樓房來。
守衛遵照指示去做，將搶匪換成當地的一個遊民。富商令搶
匪和女兒結婚，希望經過這次命運的突然改變之後，他能重
新做人。然而婚禮之後不久，新郎開始覬覦妻子的珠寶，想

將它佔為己有。

因此，他對她說當被帶往刑場時曾發誓，如果能逃過一死，
將會供養某個山神。他促請跋陀將最好的首飾全都穿戴在身
上，陪他一起去山神出沒的地方── 一個陡峭的山頂斷崖。
他們來到這個「土匪崖」，國王都在這裡處決罪犯，這時跋陀
的丈夫要求她將珠寶遞給他。跋陀眼見只有一條路可以脫
困，於是請求丈夫准許她向他作最後的禮敬，當她擁抱他
時，便順勢將他推下山崖摔得粉身碎骨。

成為最著名的辯論者之一

受到所犯下滔天大罪的煎熬，跋陀不想再回去過世俗生活，
因為感官欲樂與財產對她來說，都已經沒有任何意義，因而
決定出家修行。

她先加入耆那教團①，當接受剃度時，頭髮被從根拔起，作
為一種特殊的苦行。但它又再長出來，且變得很卷，因此她
被稱為「軍陀羅拘夷薩」(Kuṇḍalakesā)，意即「卷髮」。

但耆那教的教法無法滿足她，因此她又成為孤獨的行者。她
遊遍印度，拜訪許多心靈導師，學習他們的教法，因此得到
許多宗教典籍與哲學的傑出知識。

她特別擅長辯論，很快就成為印度最著名的辯論者之一。每

次進入一個城鎮，她都會做一個沙堆，並插上一根紅蘋果樹枝，宣佈若有人想和她辯論，就踩上沙堆以知會她。

跋陀出家的各種説法

挑戰舍利弗失敗，加入僧團

有一天，她來到舍衛城並再次豎起她的特殊標誌。那時舍利弗尊者正在祇園精舍停留，聽到跋陀抵達，他願意和她辯論，因此便派了幾個小孩去踩踏沙堆，留下記號。於是跋陀帶著必勝的信心，在許多人的陪同下來到祇園。

她向舍利弗提出許多問題，而他一一回答，直到她再也問不出話為止。然後舍利弗問她，第一個問題就已深深震撼跋陀，即「何者為一？」她保持沈默，無法確定長老的意思。她心想，他當然不是指「上帝」、「大梵」或「無限」。那麼它是什麼？答案應該是「食」（āhāra，具有牽引、長養、持續之意），因為一切眾生都需要靠食物維生。

跋陀承認失敗，請舍利弗告知答案，但他說除非她加入僧團，否則不會告訴她。之後，長老就送她去比丘尼道場出家，幾天之後，她就證得阿羅漢果。

與佛陀相遇靈鷲山，出家受戒

這是《法句經註》記載跋陀遇見佛法的版本，但《長老尼偈》
中跋陀的偈頌則呈現不同的情景：

往昔僅掩一布遊，
頂上拔髮覆污泥，
於無瑕處思有瑕，
於有瑕處見無瑕。

從白晝住處出來，
於靈鷲山峰頂上，
吾見清淨之佛陀，
身邊伴隨比丘僧。

雙膝跪地吾頂禮，
於彼面前禮敬彼。
「善來，跋陀！」世尊說，
即為吾授具足戒。　(Thig. 107-109)

在這個版本中，跋陀與佛陀的相遇並非發生在舍衛城，而是
在靠近王舍城的靈鷲山，跋陀接受剃度也並非依照正式的儀

式程序，而是在佛陀歡迎她成為比丘尼時完成。他們之間的討論也未記載在偈頌中，但跋陀一定很快就達到覺悟了，因為佛陀後來宣佈她為比丘尼中「速疾神通」(khippābhiñña)第一者。

舍利弗帶跋陀見佛陀，聞法證果

《長老尼偈註》在註解這些偈頌時，試圖將這些偈頌與古老的註釋傳統作調和。根據這個版本，在跋陀向舍利弗認輸之後，她禮敬他，他則帶她去見佛陀。然後大師知道她的智慧已經成熟，便對她說了一個《法句經》的偈頌：

一首有意義及聽後心獲得平靜的偈頌，

好過千首無意義且與證悟涅槃無關的偈頌。　(Dhp. 101)

聽到這首偈頌的結語，她就達到阿羅漢果與四無礙智(paṭisambhidā-ñāṇa)。於是請求出家，佛陀同意，遂將她送往比丘尼僧團，她在那裡接受正式剃度。

看見不淨，聞法求出家

《譬喻經》對於跋陀的覺悟，又提供了另一個觀點。在跋陀出家成為耆那教的女尼之後，她學習該派的哲學系統。有一

天，當她獨自靜坐思惟教理時，一條狗接近她，口中銜著一隻殘缺不全的人手，並把它放在她面前。當跋陀看見這個場景，並注意到那隻手有蟲在蠕動時，心靈受到非常大的衝擊。在激動的狀態中，她問有誰可以對她解釋此事的意義。最後她找到佛教僧侶，並被帶去見世尊：

之後彼教吾佛法，
有關蘊、處、界之義，❷
大師並說不淨觀、
無常、苦與無我觀，

從彼聽聞此法義，
吾得清淨之法眼。
當吾了解真實法，
便求出家與受戒。

大師於是對吾說：
「善來，跋陀！」之話語。
既得出家受戒已，
吾觀小溪之流水。

經由洗足之水流，

吾知生滅之過程。

然後思惟一切行，

皆同如是法爾義。

當下吾心便解脫，

漏盡無餘得苦滅。

如來於是稱我為，

速疾神通第一者。　(Ap. ii, 3:1, vv. 38-46)

最後兩句提到佛陀稱跋陀為「速疾神通第一」比丘尼 (AN 1, chap. 14)。這個特質和比丘婆醯(Bāhiya)相當，[②]他在佛陀告訴他：「見惟所見，聞惟所聞，感惟所感，知惟所知。」(Ud. 1:10)時，立即證得阿羅漢果。兩人證悟最高實相如此迅速與透徹，在一瞬間就從凡夫位升到阿羅漢果位。

遊化北印度，宣說佛法

跋陀的後半生都在北印度諸國遊化，宣說佛法，並指導他人親證她所達到的解脫目標：

漏盡解脫五十年，

遊化鴦伽、摩揭陀。

於下諸地行乞食：

跋耆、迦尸、拘薩羅。

彼施主乃真智者，

布施跋陀一衣袍，

已植廣大之福田，

因她乃是離繫者。　(Thig. 110-111)

原註

❶ 出處：《法句經註》（針對第102-103頌），Thig. vv. 107-111與註釋；Ap. ii, 3:1。
見BL, 2:227-232。

❷ 五蘊、十二處與十八界之定義，見三界智（Nyanatiloka）著，《佛教辭典》
(Buddhist Dictionary)。（譯按：五蘊是組成身心的色、受、想、行、識等蘊。十
二處是眼處、耳處、鼻處、舌處、身處、意處、色處、聲處、香處、味處、觸
處、法處。「處」就是生長的地方，十二處前六者是認識的機構，後六者是認識
的對象。十八界是眼界、耳界、鼻界、舌界、身界、意界、色界、聲界、香界、
味界、觸界、法界、眼識界、耳識界、鼻識界、舌識界、身識界、意識界。「界」
就是保持自己，十八界就是十八種各有界域的界別，以三個為一組，依根、緣
境、發識三和合，由認識關係而成立。）

譯註

① 耆那教是由尼乾陀所創，為佛陀時代「六師外道」之一。此教派主張苦行，以克

服身心的束縛，而得到心的自由為目標，尤其嚴禁殺生，並強調捨棄所有。與佛
教同為當時具有影響力的宗教，教理用語等和佛教也有許多共通之處。

② 婆醯(Bāhiya)即是比丘中「速疾神通第一」者。

第五章

抱亡兒乞藥的母親：翅舍瞿曇彌

貧苦而憔悴的瞿曇彌

舍衛城住著一個窮人家的女孩瞿曇彌(Gotamī)，她因家境貧苦而很瘦弱與憔悴（kisa，音譯「翅舍」），所以人人都稱她為「翅舍瞿曇彌」，意即「憔悴的瞿曇彌」。❶如果有人看見又高又瘦的她走過，由於無法得知她內在的富足，他可能會老實地說她：

> 彼乃內在美，
> 從外不得見。

由於出身貧窮與不吸引人，翅舍瞿曇彌一直找不到丈夫，這令她很沮喪。但有一天，某個富商突然決定娶她為妻，因為他欣賞她內在的財富，認為這比她的家世或外表更重要。然而，夫家的其他人都瞧不起她，他們輕蔑地對待她。這種敵意使她很不快樂，尤其因為她所深愛的丈夫，被夾在父母與

妻子之間左右為難。

但是，當翅舍瞿曇彌生下一個男嬰時，丈夫全家終於接納她為兒子暨繼承人的母親。她終於鬆了一大口氣，感覺如釋重負，如今她非常快樂與滿足。她對小孩的愛超出一般母親，她非常執著於這個嬰兒，因為他是她婚姻幸福與內心平靜的保證。

抱著亡兒四處乞藥

然而好景不常，快樂很快就幻滅了，她的小孩有一天突然生病死了。這個悲劇對她來說太過沈重，她擔心夫家會再次鄙視她，說她沒有生孩子的命，城裡其他人則會說：「翅舍瞿曇彌一定是做了什麼缺德事，才會落得如此下場。」

她甚至害怕丈夫會變心，另外去找一個家世更好的妻子。她一直這麼胡思亂想，終於導致精神錯亂。她拒絕接受孩子已經死亡的事實，相信他只是生病，只要給他正確的醫藥就會康復。

她抱著小孩跑出家門，挨家挨戶為孩子向人討藥。她在每一戶門前乞求：「請給我的孩子一些藥。」人們總是回答她藥沒有用，因為孩子已經死了。然而她拒絕接受此事，又到下一家去，始終相信孩子只是病了。

到從未有死者的人家取芥菜籽

許多人取笑她，還有人嘲弄她，在經歷許多自私與無同情心的人之後，她終於遇見一個明智的好人。他知道她只是因為傷心過度而心神紊亂，於是建議她去找最好的醫生——佛陀，他一定知道正確的解藥。

她立即遵照建議，趕去祇樹給孤獨園，佛陀正住在那裡。她抵達時手中抱著小孩的屍體，心中重新燃起希望，她奔向佛陀並且對他說：「大師！給我治療孩子的藥。」佛陀親切地回答他知道有一種藥，但她必須親自去取。她著急地問他是什麼。

「芥菜籽。」佛陀回答，震驚在場的每一個人。

翅舍瞿曇彌問她應該去哪裡才能取得它們，並且種類為何。佛陀回答她只需要從未曾死過人的家庭取回少量即可。她相信世尊的話，隨即進城去。

在第一間房子，她問是否有任何可用的芥菜籽。「當然！」對方回答。「我能要一些種子嗎？」她問。「沒問題。」那人對她說，然後給了她一些種子。接著，再問第二個她認為不是很重要的問題：「這個家中曾經死過人嗎？」「那當然！」那人說。

結果每一家的說法都相同。有一家最近才有人去世，另一家

則在一、兩年前；有一家父親死了，另一家則是母親、兒子或女兒。她找不到不曾死過人的家庭，人們對她說：「死者，比活著的還要多。」

了解死亡是一切眾生的命運

到了晚上她終於了解，並非只有她有失去親人的痛苦：這是人類共同的命運。無須再對她說什麼，她自己一路走來的經驗，已經讓她看得很清楚。她體悟到存在的法則，諸行無常，有生必有死，生死輪迴不已。

佛陀就這樣治癒了她的迷執，讓她接受世間的實相。翅舍瞿曇彌不再拒絕相信她的孩子已經死亡：她了解死亡是一切眾生的命運。佛陀就是使用這樣的方式治療哀傷逾恆之人，帶領他們走出無法自拔的迷惘，他們一直在裡面以自己個人失落的狹隘觀點，來看待這整個世界。

有一次，有個人在悲嘆父親的死亡，佛陀問他是指哪個父親：此世的父親，或前世的父親，或更前世的父親。因為如果他想悲傷，他就應該對其他父親也感到悲傷才對 (Pv. 8; Jāt. 352)。另一次，一個哀傷逾恆的人清醒過來，是因為佛陀向他指出他的兒子會轉世，他只是在對一具臭皮囊痛哭而已(Pv. 12; Jāt. 354)。

走出喪子的迷惑，出家得解脫

在翅舍瞿曇彌從迷惑中走出來之後，她帶著孩子冰冷的屍體到墓地埋葬，然後回去找佛陀。佛陀看到她時，問她是否有找到芥菜籽。「尊者！芥菜籽之事已經解決，」她回答：「請准許我出家受戒。」於是大師對她說以下的偈頌：

> 若人心深貪愛著，
> 執迷子女與牲口，
> 死亡將會擄走他，
> 如水淹沈睡村民。　（Dhp. 287）

由於她的心已在喪子煎熬中成熟，因此一聽到這首偈頌便見到實相，成為入流者。佛陀同意她加入比丘尼僧團的請求，遂將她送往女眾道場，她在那裡出家並且受具足戒，成為比丘尼。

出家之後，翅舍瞿曇彌精進修行與研究教法。有一晚，她看見油燈噴濺火花，她頓時體悟到生死輪迴就如燈火燃燒一樣。世尊知道她究竟解脫的時機已成熟，便來找她並對她說了一首短頌：

若人壽百歲，

不見甘露道，

不如生一日，

得服甘露味。　(Dhp. 114)

當她聽到這幾行偈頌時，當下便斷除一切結(saṃyojana) ①，
成為阿羅漢──解脫者。

讚歎與賢聖為友的利益

在《長老尼偈》她的偈頌中，翅舍瞿曇彌描述佛陀給予她的
大喜悅。因此她讚歎與賢聖為友的利益：

大聖常對世人讚，

清淨道侶之可貴。

藉由淨道侶之助，

愚人亦可成智者。

人應得善知識助，

如此彼智方可長。

藉由善知識之助，

彼能解脫一切苦。

人應了知四聖諦：
痛苦與苦之集起，
然後痛苦之息滅，
以及滅苦八正道。　(Thig. 213-215)

女人的痛苦與解脫的喜悅

翅舍瞿曇彌從她親身的經驗，知道清淨道侶之可貴，因為慈悲的佛陀，諸道侶中最清淨者，曾將她從可怕的輪迴痛苦中拯救出來。在記載於《長老尼偈》她的解脫偈頌中，翅舍瞿曇彌描述女人特有的各種痛苦。人們唯有了解她所說女人的痛苦，才能體會到她對佛陀的感激有多深，他為她指出解脫之道：

調御丈夫說：
女人之痛苦。
妻妾苦亦然。
有人曾生子，

失望割彼喉；

怯者服毒藥。

嬰兒難產時，

母子皆不幸。　(Thig. 216-217)

翅舍瞿曇彌在偈頌結尾不是悲歎，而是勝利的呼聲，表達她
找到解脫與免除一切痛苦的喜悅：

正道是吾所修習，

趨向無死八聖道。

吾觀察佛法之鏡，

由此吾覺悟涅槃。

拔除身刺釋重負，

一切應做皆已辦。

長老尼翅舍誦此，

彼爲心眞解脫者。　(Thig. 222-223)

「粗衣苦行第一」的比丘尼

我們在《相應部》中也找到翅舍瞿曇彌所說的一組偈頌，事關她和魔羅的一段對話。有一天，魔羅前來干擾她禪修，這是魔羅最喜歡做的事，無論對方性別為何。他以一個偈頌奚落她：

> 汝既喪失汝愛子，
> 爲何愁容枯坐此？
> 獨自進入叢林中，
> 汝在尋找某人嗎？

翅舍瞿曇彌自忖：「這首偈頌是誰所誦，是人或非人？」然後她想到：「這是魔羅，他說偈頌是想要激起我心中的恐懼、不安與慌張，讓我出定。」於是她回答：

> 我已走出喪子痛，
> 因此不再尋找人。
> 吾既不憂亦不悲，
> 我也不怕你，朋友。

一切喜怒皆已斷，

無邊黑暗已破除。

征服死亡之大軍，

吾住漏盡無餘中。　　(SN 5:3)

從她稱呼魔羅為「朋友」，即可看出她的無懼與平等心，魔羅
已失去他過去所被認知的真實性，因此無選擇地只好消失。
翅舍瞿曇彌比丘尼，從她個人的悲劇昇華到最高聖果，被佛
陀稱讚為比丘尼中「粗衣苦行第一」者(AN 1, chap. 14)。

原註

❶ 出處：《法句經註》（針對第114頌），Thig. vv. 213-223與註釋；Ap. ii, 3:2。見
　　BL, 2:257-260。

譯註

① 結(saṃyojana)：將眾生綁在生死輪迴裡的煩惱。共有十種：（一）欲貪結；（二）
　　色貪結；（三）無色貪結；（四）瞋恚結；（五）我慢結；（六）邪見結；（七）
　　戒禁取結；（八）疑結；（九）掉舉結；（十）無明結。

第六章

多子無依的老婦：輸那

舍衛城中有個婦人有十個小孩，她一直都忙著生產、養育與照顧孩子，忙著教育他們，以及為他們安排婚姻。她一生都環繞在小孩身上，因此被稱為「多子的輸那(Soṇā)」。❶我們可能覺得奇怪，一個家庭怎麼有這麼多的子女，但這在過去的亞洲並不罕見，甚至直到今日也是如此。

預期回報的自私母愛

輸那的丈夫是佛陀的信徒，在虔誠奉持在家戒多年之後，他決定獻身梵行，因而出家成為比丘。對輸那來說，接受這個決定並不容易，然而她並未因而懷憂喪志，反之決定過更虔誠的生活。她召集十名子女，將龐大的財產過繼給他們，並請他們只要提供她生活所需即可。

這安排順利進行了一陣子，她有足夠的支援，能將時間都花在宗教活動上。但不久之後，這個老婦人便成為子女與他們配偶的負擔。他們未曾真正接受父親出家的決定，更不同情

母親的宗教信仰，而認為父母親是心智失常的宗教狂，因此對母親的態度很快就由尊敬轉為鄙夷。

他們不再顧念對母親的積欠有多深，以及她過去無私奉獻給他們的財富與多年辛苦的照顧。他們只看到眼前的利益，因此視這個老女人為討厭鬼與負擔。佛陀說世上懂得感恩的人就如聖者一樣稀少，在此再次得到驗證(AN 3:112, 5:143, 195)。

對輪那來說，孩子們對她的冷落，比丈夫和她分離更令她痛苦。她內心五味雜陳，其中混雜著對孩子的責備與控訴。她了解到，過去她所認為無私之愛——純粹的母愛，事實上是含有預期回報的自私之愛。過去她完全依賴子女們，並相信他們會在她年老時奉養她，以作為她長期照顧他們的回報。過去她一直都認為，感恩、感謝與參與他們的事務，是她應得的回饋。難道那時她未將子女視為是一種投資，是對抗老年孤寂與恐懼的一種保險嗎？

以這樣的方式，她觀察自己的動機，並發現佛陀的話在自身上得到印證，即女人依賴的不是財產、權力與才能，而是她的子女；而沙門則只依賴自身的美德(AN 6:53)。

思惟年老出家修行的障礙

這樣的反省讓她決定出家，如此才能培養無私之愛與美德。為什麼她要繼續待在家裡受到無情的冷落呢？她認為在家生活是灰暗與沈重的，而想像中的比丘尼生活則是光明與美好的。因此，她追隨丈夫的腳步出家，成為世尊比丘尼僧團中的一員。

但不久之後，輪那就了解到，她只不過是又將自己的自私之愛一起帶入新生活中。她以一個老女人的身分進入僧團，身上帶著許多習氣與怪癖，使得她在新環境中處處碰壁。她習慣以某種方式做事，其他比丘尼則以不同的方式處理，因此她動則得咎，經常遭到年輕比丘尼的指正。

輪那很快就發現，達到聖果並非那麼容易，而比丘尼僧團也不是她所想像的天堂。就如未在子女身上找到安全感一樣，出家為尼也並未帶給她立即的安穩。她還了解到，自己受到女人身的束縛，而光是憎恨缺點並不夠，她渴望自己有更多陽剛的氣質，此外，也必須知道怎麼做才能產生改變。她接受必須更精進用功的事實，不只因為年紀較大，也因為到目前為止，她都只有培養女性美德，而欠缺男性精進與穩重的特質。輪那並未因此而氣餒，也不認為正道遙不可及。

輪那明白必須努力戰勝自己的任性與輕浮，必須修習正念與

正知，並且牢記能對治情緒的教法。如果她被情緒帶著走，而且在最需要的時候忘失教法，那麼所有的知識與誓願又有什麼用？這些想法閃過內心，更加深她自願完全投入修行的決心。

精進不懈，證得阿羅漢果

因為輪那是在老年時才進入僧團，因此她修行起來更具有急迫感。她甚至會徹夜坐禪與經行，只有很少的睡眠時間。為了避免晚上陷入昏沈，她在漆黑的小禪堂中練習經行，她將腳步對準柱子，以確保不會絆倒或踢到東西。就這樣，她快速蓄積精進的動能。

輪那在毫無預期的情況下，證得阿羅漢果。有一次，其他比丘尼都外出，只有她一人留在寺院中。在《譬喻經》她的偈頌中以自己的話描述此事：

> 彼時其他比丘尼，
> 留我獨守寺院中。
> 行前特別指示我，
> 煮沸一大鍋之水。

完成汲水行動後，
將它倒入大鍋中；
置鍋灶上並坐下——
然後吾心便入定。

吾觀五蘊皆無常，
見彼爲苦與無我，
斷除心中之諸漏，
當下證得究竟果。　(Ap. ii, 3:6, vv. 234-236)

當其他比丘尼回來時要求熱水，輸那卻還未燒水。於是她運
起火大神通力，迅速將水燒開拿給尼眾。她們向佛陀報告此
事，他很高興並以偈頌讚歎她的成就：

若人壽百歲，
懈怠不精進，
不如生一日，
勉力行精進。　(Dhp. 112)❷

笑看老死苦，不再受後有

在《長老尼偈》中，輸那以五首偈頌描述她的一生：

吾以此身育十子，
以吾此肉身軀體。
當吾年老體衰時，
往謁德高比丘尼。

她開示我此教法──
關於蘊處界諸法。
從她聽聞此法義，
吾遂剃髮而出家。

當我仍為學戒女，
吾已淨心得天眼；
今吾知往昔居所，
它乃吾曾住之處。

制心一處得安止，
專意修習無相觀 ❸。

吾便立即得解脫，
止息欲貪之苦邊。

徹底覺悟五蘊法，
從根斷除彼等執。
笑看痛苦之老死：
今已不再受後有。　　(Thig. 102-106)

原註

❶ 出處：Thig. vv. 102-106與註釋；Ap. ii, 3:6。另外請見《法句經註》（針對第115
頌），BL, 2:260-261。這裡關於一個名為「多子」(Bahuputtikā)比丘尼的故事，
是《長老尼偈》註釋中輸那故事的翻版，但細節有些差異。

❷ 在《法句經註》與《長老尼偈註》中佛陀對她的讚頌偈都是《法句經》第115
頌。但在《譬喻經》的版本中則是《法句經》第112頌，而這似乎比較恰當，因
為輸那是以她的精進著稱。

❸ 無相(animitta)：無有為之相。它可以被視為無常觀法，或從思惟無常生起的出
世間道。

第七章

佛陀的異母妹妹：難陀

難陀(Nandā)出生時，深受父母——佛陀的父親與他的第二任
妻子摩訶波闍波提‧瞿曇彌（Mahāpajāpatī Gotamī，或譯為
「大愛道」，是佛陀的姨母）的鍾愛。❶她名字的意思是歡
喜、滿足、高興，是其父母為嬰兒降世感到特別歡喜而取。

在意自己美貌而未精進修行

難陀非常有教養、典雅與美麗，為了區別和她同名者，她後
來被稱為魯帕難陀(Rūpā-Nandā)，或有時孫陀利難陀(Sundarī-
Nandā)，意思都是「美麗的難陀」。

她家族——釋迦王族——成員，在族中有人成為正覺佛陀之
不可思議事實的影響下，陸續出家。當中有她的兄長難陀
(Nanda)、堂兄與母親，以及其他許多釋迦族婦女。因此難陀
決定追隨他們的腳步，她不是因為信仰佛與法，而是出於親
情才這麼做，她想和他們一樣。

我們不難想像這位典雅的佛陀異母妹妹，是多麼受人愛戴與

尊敬，人們看到這位可愛的王家女有多麼感動，她和世尊如此親近，如今就以比丘尼的裝扮走在他們之間。但其實這對比丘尼的生活並不好，難陀太在意她的美貌與討人歡喜，那都是她前世善業的果報。

如今這些善果反而對她很危險，因為她忘了精進與淨心以增進它們。她感覺自己和人們的期待之間有落差，她遠遠落在許多貴族男女出家所達目標之後。當然世尊會責備她，有段很長的時間，她不是去改正自己的行為，而是儘量避開他。

佛陀以神通力善巧度化

有一天，佛陀要求所有比丘尼一一來見他，接受指導。然而難陀並不遵從，等到大師特別傳喚她，她才出現，舉止之間顯得羞愧與不安。佛陀針對她一切正面的特質對她開示，因此她願意聆聽，並歡喜接受他的話。雖然世尊知道這些談話令她振奮，使她喜悅並準備好要接受他的教法，但他並未像往常在其他這樣的場合般，立即向她解釋四聖諦。他知道她還不夠成熟，無法領悟四聖諦，因此他藉由一個善巧方便加速她的成熟。

因為難陀如此著迷於自己的美貌，佛陀便以神通力變現出一個更美的女人，然後在她眼前以明顯而驚人的速度衰老。因

此，難陀在很短的時間之內，就能看見別人可能幾十年才注
意到的變化——人們經常因為親近與習慣，而忽略青春與美
麗的消逝，老之到來，以及死之將至。這個場景令難陀深受
震撼，徹底動搖了她。

修習無常觀與不淨觀而證果

在給她上過這堂無常的圖畫課之後，佛陀接著才向她解釋法
義，以這樣的方式她完全洞見四聖諦，達到入流果，七世之
內便得以解脫。佛陀給他的禪修主題是無常觀與不淨觀。她
持續修了很久，「日夜無歇」，就像她在自己的偈頌中所說：

難陀觀察此身軀，
生病、污穢與惡臭，
修習不淨之禪觀，❷
制心一處得安止：

「此如是，故彼如是，
彼如是，故此如是，
腐敗故呼出惡臭，
愚者才愛好此事。」

如實觀察彼如是，
日夜無歇勤修習，
以己智慧吾正觀，
於是乃得親眼見。

吾更住於正念中，
以善巧念解析它，
吾如實洞見此身，
內外二者皆如是。

於是吾於身無染，
內在貪著已滅除。
心中精進與離欲，
完全止息安穩住。　　(Thig. 82-86)

由於難陀過去著迷於外在美貌，因此有必要以不淨禪觀加以
對治，之後她才可能以平等心看待兩端。在克服對身體的貪
著之後，難陀接觸到「不死」①的真美，於是再也沒有任何
事能干擾她心中的平靜。

「禪定第一」比丘尼

後來佛陀稱讚他的異母妹妹為比丘尼中「禪定第一」者。這顯示她不只遵從「觀」②的解析方式，且也有禪定的安止③體驗。享受過這個禪悅之後，她不再需要任何低下的享受，且很快就找到不滅的寂滅之樂。

雖然她是因為貪愛親屬而出家，但最終還是成為完全解脫者，成為她所尊敬大師的真實法子。

原註

❶ 出處：Thig. vv. 82-86與註釋；Ap. ii, 3:5。

❷ 修習不淨觀，是藉由思惟身體各器官與組織，或觀想一具腐壞的屍體。（譯按：思惟身體各器官，是將身體分成三十二部分作為禪修的主題，例如頭髮、體毛、指甲、牙齒、皮膚等。修持時以厭惡作意正念於身體各部分的不淨，是止業處；若以地、水、火、風四界觀照，是觀業處。修習此法，能去除對五蘊的執著而獲得解脫。觀想腐壞的屍體，是觀察死屍腐爛的十種不同階段，例如腫脹、青淤、膿爛、斷壞、食殘、散亂、斬斫離散、血塗、蟲聚、骸骨等十相，此修習法即是對治對身體的貪欲。）

譯註

① 「不死」是指印度修行人所追求的永恆生命，在佛教而言，即是指止息一切煩惱，解脫生死輪迴的「涅槃」。

② 觀（Vipassanā）：音譯為「毘婆奢那」，意思是「從各種不同的方面照見」。「觀」是直接照見一切現象都是無常、苦、無我的，從而獲得覺悟。

③ 安止：即心完全專一的狀態，又稱為「禪那」，包括四色界禪與四無色界禪。

第八章

慈悲的化身：沙摩婆提皇后

在佛陀出現於印度的幸運時代，有一對夫妻和他們絕美的獨
生女沙摩婆提(Sāmāvatī)就住在邊境內。他們的家庭生活原本
快樂與和諧，但有一天卻遭逢大難：家鄉爆發瘟疫，這對夫
妻於是帶著成年的女兒逃離該地。❶

失去雙親的孤女

他們前往位於恆河流域拔沙(Vaṃsa)國的首都憍賞彌
(Kosambī)，想去尋求她父親老友──國王的財政大臣瞿沙伽
(Ghosaka)的援助。當局在市裡成立了一個難民收容中心。沙
摩婆提到那裡拿食物，第一天她拿了三份，第二天兩份，到
了第三天則只拿一份。

負責分發食物的彌陀(Mitta)，忍不住以嘲諷的口氣問她，是
否終於了解自己的胃容量。沙摩婆提平靜地回答：「第一天
我們有三個人，我的父母和我自己，那天我父親罹患瘟疫，
因此在第二天我們只需要兩人份；那餐之後我母親去世了，

所以今天我只需要我自己的食物。」這個官員為他的戲謔語感到慚愧，並且誠懇地請求她原諒。經過一段長談之後，他得知她如今舉目無親，於是便提議收她為養女，她高興地接受了。

沙摩婆提立刻開始協助養父分發食物，以及照顧難民。憑藉著她的辦事效率與謹慎態度，先前的混亂很快地便獲得紓解，而變得秩序井然。不再有人爭先恐後或爭吵，每個人都很滿意。

不久之後，國王的財政大臣瞿沙伽，知悉救援食物的分發，進行得平和而有條不紊。當他向分發食物者表達讚美與感謝時，這個官員謙虛地回答，這都是他養女的功勞。瞿沙伽就這樣遇見故友的孤女──沙摩婆提，並對她高貴的舉止留下深刻的印象，便決定收她為自己的女兒。他的屬下同意了，雖然有些遺憾，但他並不想妨礙沙摩婆提的大好前途。因此，瞿沙伽便帶她回家，她因此成了龐大財產與精華土地的女繼承人。

為報養父之恩而嫁優填王

國王優填(Udena)那時住在憍賞彌，他有兩位妻子，一位是婆蘇拉達陀(Vāsuladattā)，他是為了政治理由與她的美貌而娶

她。另一個是摩犍提(Māgandiyā)，她美麗又聰明，但卻冷酷自私。這兩人都無法給國王渴望的溫情與知心。

有一天，優填王遇見財政大臣迷人的養女，並對她一見鍾情。他被她仁慈與慷慨的性格深深吸引，沙摩婆提正好具有他兩個妻子所缺乏的特質。

於是優填王派遣使者去找瞿沙伽，請求他把沙摩婆提嫁給他。這使瞿沙伽陷入兩難：一方面他愛沙摩婆提勝過一切，他不能沒有她，她是他生命中喜樂的泉源。另一方面，他知道國王的脾氣，擔心拒絕他的後果。但最後他對沙摩婆提的貪著，還是戰勝恐懼，他心想：「寧可死也不願失去她。」

國王果然勃然大怒，他撤除瞿沙伽財政大臣的職務，將他逐出國外，並且不准沙摩婆提陪伴他。他接管財政大臣的財產，並查封他的豪宅。沙摩婆提很傷心，瞿沙伽為了她的事遭受這麼多的痛苦，他不僅失去她，同時也失去家與財產。出於對養父的同情與感激，她決定自願成為國王的妻子，以化解這場爭端。她到王宮告知國王自己的決定，國王立即息怒，恢復瞿沙伽先前的職務，並撤回其他一切懲處。

侍女覆誦佛陀的開示

因為沙摩婆提對每個人都有大愛，她內心的力量源源不絕，

因此這個決定對她來說並不困難。她住在哪裡並不重要：無論是住在財政大臣家作他鍾愛的女兒，或在王宮作國王鍾愛的妻子，或沒沒無聞地住在父母家裡，或住在難民營裡——她都能在內心找到平靜，並且自得其樂。

沙摩婆提在宮中的生活，維持一種和諧的模式。她有個僕人久壽多羅(Khujjuttarā)，她雖然外表醜陋，但很能幹。每天皇后都會給她八個金幣去為後宮買花。但久壽多羅總是只買四個金幣的花，並將其他四個金幣據為己有。

有一天當她去為女主人買花時，花商告訴她這一天他邀請佛陀與僧團吃飯，並勸久壽多羅參加。飯後佛陀為他的施主開示，他的每句話都直達久壽多羅心中。她全神貫注地聆聽，平靜與愉悅，好像每個字都是專為她而說，在佛陀結束談話時，她便達到入流的道與果。她不知道到底發生了什麼事，但她完全變了個人，對三寶具有不壞淨信①，並且不會違犯根本戒。過去對她顯得如此確定與真實的世界，如今則如夢幻一般。

在經過這次特殊的內在轉化之後，她做的第一件事就是買足八個金幣的花，並對過去的不誠實深感後悔。當皇后問她為什麼突然有這麼多花時，她跪在皇后跟前，懺悔過去的偷竊行為。

在沙摩婆提寬大地原諒她之後，久壽多羅說出她心底的話，

即聽到佛陀開示改變了一生。雖然沙摩婆提不懂法義，但她親眼見識到它對久壽多羅有益與良性的影響。她任命久壽多羅為侍者，並讓她每天去寺院聞法，回來之後對她與宮中其他女子覆述。

久壽多羅擁有傑出的記憶力，只要聽過一次，就能一字不漏地覆誦。每天當她從寺院回來時，宮中出身高貴的仕女們會請她上座，好像她就是佛陀本人一樣，而她們則坐在下面恭敬地聆聽開示。之後，久壽多羅將她從佛陀那裡聽來的簡短開示收集成冊，成為現在巴利藏經中的一本書，即今之《如是語經》（ *Itivuttaka* ，《小部》經之一），共收錄了一百一十二篇摻雜散文與偈頌的經典。❷

阿難尊者每日至宮中說法

當優填王再次告訴他鐘愛的沙摩婆提，她可以許下任何願望，他都會滿足它時，她說希望佛陀能每天來宮裡應供與說法。國王的信差帶著這個長期邀請的訊息給佛陀，但他婉拒，並改派阿難前往。

從那時起，阿難尊者就每天到宮裡用餐，然後為她們說法。皇后早就在久壽多羅的轉述下打好基礎，因此在很短的時間內便了解法義，和侍女一樣達到入流果。

如今，經由她們的共同了解佛法，皇后與侍女已能並駕齊驅。在很短的時間內，佛法便傳遍後宮，大部分的人都成為佛陀的弟子。連沙摩婆提的繼父財政大臣瞿沙伽，也深受佛法感動。

他捐獻位於憍賞彌中的一座大寺院給僧伽，好讓比丘們來到城裡時能有個安穩的住處。每次佛陀訪問憍賞彌時，都會住在這座「瞿師羅園」(Ghositārāma，或譯「美音精舍」)，其他比丘與聖者們也會在這裡落腳。

受到佛法的薰陶，沙摩婆提決定擴大她的影響力。她最大的資產就是同情與慈悲，以此遍及一切眾生。她修習慈悲如此強烈，以致於佛陀稱她為「散播慈心第一」的在家女弟子(AN 1, chap. 14)。

摩揵提因憎恨佛陀而陷害沙摩婆提

這個遍及一切的慈心，很快地就受到國王第二個妃子摩揵提的考驗，這個女人對所有與佛有關的事物都懷有強烈的敵意。幾年前，她的父親遇見佛陀，他認為這個英俊的沙門最有資格娶他的女兒，由於對比丘戒的無知，他將女兒獻給佛陀為妻。

摩揵提非常美麗，是許多人夢寐以求的伴侶，但佛陀卻以一

首觀身不淨的偈頌婉謝這個提議(Snp. v. 835)。這首偈頌傷了摩犍提的虛榮心，卻對她的父母造成深遠的影響，他們當下就證得不來果。摩犍提視佛陀對她的拒絕是一種人身侮辱，因此對他恨之入骨，永遠無法釋懷。

之後父母帶她去見優填王，國王對她一見鍾情，並娶她為妻。當他娶第三個妻子時，她還能接受，因為國王擁有很多妻子是當時的慣例。但沙摩婆提成為佛陀的弟子，並讓宮中其他女人都皈依佛法，則是她無法容忍的。她對佛陀的憎恨，如今整個轉移到沙摩婆提身上。

摩犍提的陰謀接二連三，她的聰穎都用在設想新的詭計上。首先她告訴國王，沙摩婆提想謀殺他。但國王相當了解沙摩婆提對一切眾生的大愛，因此並未認真考慮這項指控，他只是隨便聽聽，且很快就幾乎忘了它。

接著，摩犍提命令她的一個女僕去散播佛陀與僧伽在憍賞彌的謠言，如此一來也會中傷到沙摩婆提。她在這件事情上比較成功，僧團受到一波無情的打擊，連阿難都建議佛陀與弟子們是否應該離城。佛陀微笑並說，比丘們的清淨梵行，在一週之內就能平息一切謠言。在國王都還來不及聽到謠言之前，它就已經沈寂了，摩犍提針對沙摩婆提的第二次嘗試又失敗了。

一段時間之後，摩犍提特別挑了八隻雞送給國王，並建議沙

摩婆提應該親手殺雞與烹調。沙摩婆提拒絕這麼做，因為她不願意殺生。由於國王知道她的慈悲，因此不以為忤，並接受她的決定。

以慈心度化優填王皈依佛陀

摩犍提接著又第四度設計傷害沙摩婆提，在國王臨幸沙摩婆提之前，將一條已經摘除毒囊的毒蛇藏在沙摩婆提房中。當國王發現毒蛇時，一切證據都指向沙摩婆提。他怒不可扼，順手拿起弓箭射向沙摩婆提，但經由她慈心的力量，這枝箭被彈回，沒有造成任何傷害。他的瞋恨無法影響她對他的關愛，它就像個無形的防護罩一樣保護她的生命。

當優填王恢復平靜，並看見他的箭無法傷害沙摩婆提的奇蹟時，他深受震撼。他乞求她的原諒，並更加相信她的正直與忠實，且對給予她這種力量的教法很有興趣。

就在此時，著名的賓頭盧·頗羅墮誓(Piṇḍola Bhāradvāja) 比丘來住在瞿師羅園。國王去拜訪他，並和他討論佛法。他問，年輕比丘們如何喜悅地過獨身生活，賓頭盧解釋，根據佛陀的建議，他們藉由視女人為自己的母親、姐妹與女兒而做到這點。開示結束後，國王很感動，因此皈依佛陀，成為在家弟子(SN 35:127)。

沙摩婆提思惟「法」的奇妙與業力的複雜，從一件事到另一件：她以貧窮難民的身分來到憍賞彌；然後被分發食物者收容；接著財政大臣收她為養女；然後她成為國王的妻子；她的侍女帶給她佛法；她成為佛弟子與入流者。接著，她將佛法傳給宮中所有女人，然後是瞿沙伽，最後則是國王。實相多麼不可思議啊！如此思惟之後，她對一切眾生散發慈念，希望他們快樂與平安。

國王下定決心要練習控制自己的火爆脾氣，並降伏貪與瞋。他和沙摩婆提談話在這方面對他很有幫助。事情逐漸發展成當他和沙摩婆提在一起時，變得完全沒有性欲。他了解她深邃的心靈，並視她為姐妹與朋友，而非愛人。雖然他對其他妻子仍有性欲，但他願意成全沙摩婆提在解脫道上的修行。她很快就證得一來果，並愈來愈接近不來果，那是那個時代許多在家人可能達到的目標。

沙摩婆提遭到火噬的前因

摩犍提暫停她的攻擊一段時間，但仍持續構思如何報復沙摩婆提。在深思熟慮後，她和一些提供狡詐與毀謗意見的親戚們想出一個計劃。她打算放火燒掉整個後宮，並假裝成是一場意外。這個計謀經過精心策劃，摩犍提事發前就先出城，

如此她才不會成為嫌犯。

結果這場大火烈焰沖天，將整座木造宮殿燒個精光。所有住在裡面的女人都被燒死，包括沙摩婆提在內。這個不幸的消息很快就傳遍全城，所有人都議論紛紛。幾個出家不久的比丘也受到不安情緒的影響，在托缽結束後去找佛陀，詢問這些以沙摩婆提為首的在家女弟子會轉生何處。

佛陀安撫他們激動的心，並以一個簡短的回答來轉移他們的好奇心：

> 比丘們！在這些女人當中，有些人是入流者，有些人是一來者，有些人則是不來者，她們當中沒有人在去世時，是未證得聖果的。 (Ud. 7:10)

佛陀在此提到「法」的前三果——入流、一來與不來，這些弟子都不會轉生到人界以下，且都會安穩地趨入完全解脫的最後目標。這是她們生死輪迴的關鍵，佛陀並未詳述。

稍晚，當比丘們在討論這些虔誠弟子竟然遭此橫死，實在太不公平時，佛陀向他們解釋，這些女人會經歷此事，是因為她們多生以前犯下的共業。有一世，沙摩婆提身為波羅奈國的皇后，她和侍女們一起去洗澡，由於感覺寒冷，因此她下令焚燒一片樹林以取暖。

但起火之後，她才發現有個辟支佛坐在林中寂然不動，雖然他並未受到傷害，但女人們不知道此事，她們擔心生火取暖的事曝光之後會受到指責。因此，沙摩婆提竟心生歹念，將油澆在這位入定沙門的身上，想燒死他以便湮滅證據。雖然這個計劃沒有成功，但試圖謀殺的惡業已經造成，並在此世結成果報。

慈愛之心不會為火所燒

佛陀說修慈的最大好處之一，是火、毒藥與武器都無法傷害修行者。這意思應該被理解為，在慈心的籠罩下，散發這項特質者不可能受到傷害，例如沙摩婆提所示現，國王的箭無法射到她。但在其他時候，修行者則是有破綻的。沙摩婆提已經成為不來者，因此沒有貪、瞋與身見(sakkhāyadiṭṭhi) ②，被火所燒的只是身體，而非她的內心。她柔軟而光明的心，充滿慈愛，不可能被火所燒與攻擊。

很少看到聖弟子會被謀殺，或佛陀會受到謀殺的威脅，同樣很少看到的是，慈心圓滿與不來者會遭到橫死。無論如何，這三種人有個共通的特點——他們的心不可能再受到這種暴行的影響。❸

沙摩婆提臨終的遺言是：「即使具備佛智，也不太容易確

定，在無始輪迴中我們的身體會被火燒幾次。因此，請勿放
逸！」受到這些話的激勵，宮女們都專注於苦受的禪修，並
因而獲得清淨之道與果。

針對發生在憍賞彌的悲劇，佛陀對比丘們說出下述這段勉勵
偈頌：

> 世間乃妄執而有，
> 唯顯現其可能性。
> 愚者妄執其所得，
> 身陷無明黑暗中，
> 它似顯現為恆常；
> 於見道者乃空無。　　(Ud. 7:10)

摩犍提被凌遲處死

優填王對於沙摩婆提之死傷心欲絕，並且一直推想犯下這項
滔天大罪的主謀者可能是誰，最後研判這人一定是摩犍提。
他不想直接質問她，因為他知道她一定會否認。因此想了一
個計策。

他對大臣們說：「在此之前我一直都很憂慮，因為沙摩婆提
一直想找機會殺死我，如今我終於可以高枕無憂了。」大臣

們問國王，誰可能做這件事。「只有真正愛我的人。」國王回答。摩犍提當時就站在附近，聽到這句話時，她立即站出來驕傲地承認，這場火以及沙摩婆提與宮女之死都是她一人所為。國王於是說，他會為此好好報答她與她所有的親戚。當集合她的所有親戚時，國王命令當眾燒死他們，然後挖土滅屍。他以屠殺的罪名處決摩犍提，這原本是他的職責，但忿怒卻讓他變本加厲地尋求報復。他以最殘酷的方式將她凌遲處死，然而這也只是她未來地獄果報的前戲而已，之後她必須在生死輪迴中流浪很久、很久。

「安住慈心第一」的在家女弟子

優填王很快地就後悔他殘酷的報復行為，他一再看見沙摩婆提的臉出現在面前，充滿對眾生的慈愛，即使對她的敵人也一樣。他覺得自己的暴怒，已使他們兩人離得更遠，甚至比她死亡時更糟。他開始逐步練習控制脾氣，並熱心遵從佛陀的教導。

那時，沙摩婆提已轉生到淨居天③，她將在此達到涅槃，而無須再從那個世界回來人間。這兩位皇后的生死輪迴範例，讓我們可以清楚看見愛與恨的不同結果。當有一天比丘們在討論誰生與誰死時，佛陀說摩犍提雖生猶死，而沙摩婆提則

雖死實生。然後他說出這些偈頌：

不放逸乃無死道，
放逸爲死亡之道。
不放逸者無死亡；
放逸者經常死亡。

因此智者視此爲：
不放逸之差別處，
於不放逸得喜樂，
住於聖者境界中。

持續安住正念中，
精進修習不放逸，
發願達到涅槃果，
最勝解脫安穩處。　　(Dhp. 21-23)

佛陀宣佈沙摩婆提是在家女弟子中「安住慈心第一」者。

原註

❶ 以下的記述主要是根據《法句經註》（針對第21-23頌）與《增支部・是第一品》

的註釋。見BL, 1:266-293。

❷ 《如是語經》(*The Itivuttaka: The Buddha's Sayings*, BPS, 1991)，由約翰・愛爾蘭(John D. Ireland)翻譯。

❸ 請見目犍連之死的故事，巴利佛典【佛陀的聖弟子傳】(1)《佛法大將舍利弗・神通大師目犍連》，頁230-236。

譯註

① 不壞淨信：指作為預流者的四項必要條件，即佛不壞淨、法不壞淨、僧不壞淨、戒不壞淨。也就是正確地認識並信仰佛、法、僧三寶，無條件地皈依，並完全、確實地具備聖者所愛的戒。

② 身見(sakkhāyadiṭṭhi)：音譯為「薩迦耶見」，即認為有個實在堅實不變的「我」的錯誤見解，一切煩惱即出自於這「我」與「我所有」的邪見，如果看清自我是無常法，就能斷除煩惱。破除身見的人，只是破除這錯誤的觀念，證得初果，但要到證得阿羅漢果，才會完全沒有自我感。

③ 淨居天：色界的第四禪天，是證得不還果的聖者所生之處。其處共有五天——無煩天（無一切的煩雜）、無熱天（無一切的熱惱）、善現天（能現一切的勝法）、善見天（能見一切的勝法）、色究竟天（色天最勝之處）。

第九章

從悲傷中解脫：波吒左囉

波吒左囉(Paṭācārā)是舍衛城某位大富商的美麗女兒，❶當她
十六歲時，父母親便將她幽禁在一棟七層高樓的頂樓，派了
許多守衛護衛，避免她和年輕男子接觸。在這樣的預防措施
下，她還是愛上在父母房中服侍的一個僕人。

和愛人私奔生子

當父母安排她和一個門當戶對的青年結婚之時，她決定和愛
人私奔。她偽裝成女僕從塔樓逃出，和愛人在城中會面，然
後他們就去住在遠離舍衛城的一個村莊。在那裡，丈夫靠一
小畝田地種植維生，年輕的妻子則做一切瑣碎的雜役，那以
前都是父母、僕人所做的事，她就這麼默默承受自己行為的
後果。

當懷孕時，她懇求丈夫帶她回父母家生產，她說為人父母者
總是心疼子女，會原諒他們所犯的任何錯誤。但丈夫拒絕了
她，因為他害怕會被她的父母逮捕，甚至殺死。當她了解他

不會同意這項請求時,她決定自己回去。因此有一天,當丈夫離家工作時,她便溜出家門前往舍衛城。當丈夫從鄰居那裡聽到消息時,便立即追上去,很快地就趕上她。雖然他試圖勸她回家,但她不聽仍繼續往前走。在他們抵達舍衛城之前,陣痛就開始了,她很快生下一個男嬰。由於去父母家的理由已消失,因此他們就回頭了。

丈夫與兒子之死

一段時間之後,波吒左囉第二度懷孕,她再次請求丈夫帶她回父母家,他又拒絕了,而她也再次自行出發,不過這次是帶著她的兒子同行。當她的丈夫趕上並勸她回家時,她仍堅持不從。於是他們一起前往舍衛城,走到半路,突然遇上季節性的暴風雨,雷電交加,大雨滂沱。就在此時,她的陣痛開始了。

她請丈夫去找些遮蔽物,於是他便去找材料搭棚子。當他在砍樹時,一條躲在蟻穴的毒蛇突然竄出來咬他。牠的毒液就如熔岩般,他很就就倒地不起了。波吒左囉等了又等,都等不到人,第二個兒子就出生了。一整夜,兩個小孩被暴風雨嚇壞了,哭得聲嘶力竭,但唯一能保護他們的母親,只能以她那飽經苦難的瘦弱身軀作為庇護。

到了早上，她把新生兒抱在懷裡，一手牽著長子，往丈夫走過的路走去，說：「來，親愛的孩子，你們的父親已經離開我們了。」當她在路上俯身時，發現丈夫躺在那裡，早已斷氣，身體僵硬得像塊木板。她在那裡徘徊哭泣，為他的死自責，然後繼續上路。

走了一段時間之後，他們來到阿夷羅跋提(Aciravati)河。大雨過後河水高漲，深及腰際，且水流湍急。波吒左囉感覺自己太過虛弱，無法同時帶兩個孩子渡河，因此將長子放在河邊，先帶著嬰兒到對岸，然後再回來帶他。

當她走到河中時，一隻搜尋獵物的老鷹看見新生嬰兒，以為那是一塊肥肉，便俯衝下來，用爪抓住嬰兒飛上天空，而波吒左囉只能在一旁無助地觀望與尖叫。長子看見母親停在河中，又聽到她在喊叫，以為正在叫他，便想渡河過去，但當他一腳踩入水中時，便立刻被洪水沖走。

父母與兄長之死

傷心哭喊的波吒左囉繼續上路，接二連三降臨在她身上的悲劇，已經讓她瀕臨瘋狂，她竟然在一天裡相繼失去丈夫與兩個兒子，而更不幸的事還在後頭。

當她接近舍衛城時，遇見一個路人正要出城，便向他詢問她

家的情形。「除了那家之外，問其他家都好，」他告訴她：「請別問我那一家。」但她堅持，因此他不得不說：「在昨夜可怕的暴風雨中，他們的房子倒了，老夫婦與兒子都被壓死，不久前三人才剛一起在那裡被火化。」他說，並遙指遠方一股青煙裊裊升起處：「你所看到的就是他們火葬的煙。」當波吒左囉看見那股青煙時，立刻瘋了。她扯破衣服，裸身狂奔，一邊哭喊著：「我的兩個兒子都死了，丈夫也死在路邊，父母與兄長也都被火化了！」那些看見她的人都叫她傻瘋婆，拿垃圾丟她，並拿泥土投擲在她身上，但她仍一直往前走，直到抵達舍衛城郊。

比四大海水還多的眼淚

這時佛陀就住在祇園精舍，身邊環繞眾多弟子。當他看見波吒左囉出現在精舍門口時，他知道她已經成熟，能接受他的解脫法音。在家弟子們大叫：「不要讓那個瘋婆子進來！」但大師卻說：「別攔她，讓她來我這裡。」當她靠近時，他告訴她：「姐妹，恢復妳的正念！」她立刻恢復正念。一個好心人丟了一件外衣給她，她穿上它，走向佛陀，頂禮他的雙足，並對他訴說她悲慘的故事。

大師耐心地聽她說完，充滿深切的悲心，然後回答：「波吒

左囉！別再徘徊，妳已找到皈依處。妳不是只有今天才遇見災難，無始以來妳就為失去兒子與親人而哭泣，妳所流的眼淚比四大海水還多。」在他繼續說輪迴的危險時，她的悲傷止息了。佛陀接著以下面的偈頌結束他的指導：

受悲傷痛苦折磨，
與吾等流淚相比，
四大海水僅少許。
汝女爲何仍放逸？ (Dhp. Comy. 2:268; BL 2:255)

子嗣不可爲依怙，
父母親屬亦不能：
因人皆被死所迫，
故親友不可依怙。

既已了知此事實，
智者清淨持禁戒，
迅速即應可通達，
趨入涅槃解脫道。 (Dhp. 288-289)

佛陀的這席話深入她的內心，她可以完全領會諸行無常與諸

受是苦的道理。佛陀開示結束時，坐在他腳邊的不再是個哭泣的瘋女，而是個悟道的入流者，是個確定可以達到究竟解脫者。

永熄貪、瞋、痴之火

在達到入流果之後，波吒左囉立即請求出家與受具足戒，於是佛陀將她交給比丘尼們。進入比丘尼僧團之後，波吒左囉精進修行，很快便修成正果，達到她的目標。在《長老尼偈》她的偈頌中，她如此描述自己的修行過程：

彼等以犁耕田地，
並於其上播種籽，
照顧彼等之妻兒，
青年因此得財富。

為何吾清淨持戒，
並且修習佛教法，
既不懶惰亦無驕，
猶未能達涅槃果？

清洗吾之雙足已，
吾諦觀察彼流水。
吾見洗足之水滴，
從高地往下坡流。
吾心專注不散亂，
如善調伏之良駒。

吾舉燈進入寮房，
審視床鋪坐榻上。
然後拿起一細針，
熄滅油燈之燈芯，
吾心究竟得解脫，
即如油燈之熄滅。　(Thig. 112-116)

波吒左囉觀察水緩緩流向下坡，她注意到有些水很快就沒入地中，有些流得比較遠，有些則一直流到坡底。她覺悟到這是有情世間完美的比方：有些人壽命較短，就像她的小孩；有些人活到成年，就像她的丈夫；還有些人則活到老年，就像她的父母。但一切流水最後都會沒入土中，因此死魔會找上一切眾生，沒有人能逃得過他的手掌心。

當波吒左囉覺悟這點時，她的心立刻安定下來。在定中，她

思惟諸法無常、苦與無我，雖然精進不懈，但仍無法突破解脫的最後一關。她累了，決定就寢。當她進入寮房，坐在床上，就在熄滅油燈時，以前的修行成果整個現前。在那一剎那，熄滅油燈的同時，最高智慧生起。她已達到她的目標──涅槃，永遠熄滅貪、瞋、痴之火。

勤習戒律，「持律第一」

在她身為比丘尼的生涯中，波吒左囉被佛陀譽為比丘尼中「持律第一」者，她在女眾中的地位，和比丘中「持律第一」的優波離(Upāli)長老相當，這項指稱是古老本願的結果。

經中說，在蓮華上佛的教化時期，波吒左囉曾見過大師指稱一位長老尼為比丘尼中「持律第一」者，她看到他執起那位比丘尼的手臂，並邀她進入歡喜園。

她當時便發下這個誓願：「在像你一樣的佛陀座下，願我能成為比丘尼中持律第一者。」蓮華上佛將他的心延伸到未來，知道她的願望將會實現，便給予她授記。

也許由於她早年曾經歷魯莽行為的非常苦果，因此波吒左囉自然特別關心戒律。在比丘尼僧團中，她學習到在戒律上密集修行，是達到平靜安止的必要條件。此外，透過自己的經驗，她對人心的運作方式得到更深刻的了解，因而能幫助其

他比丘尼的修行。許多比丘尼都來找她尋求指導，並在她的
建議下得到很大的慰藉。

指導其他比丘尼獲得解脫

其中一例是旃陀(Candā)比丘尼，她在《長老尼偈》中表達對
波吒左囉的感激：

波吒左囉以悲心，
憫我並許我出家；
然後給予我勸誡，
囑我達成究竟果。

聽聞其諄諄告誡，
吾遵從彼之指導；
不負長老尼勸誡，
吾得三明①諸漏盡！ (Thig. 125-126)

另一位鬱多羅(Uttarā) 比丘尼，則提到波吒左囉如何對一群比
丘尼說戒與律：

汝等致力於佛法，
於所做事無後悔。
迅速清洗汝雙足，
並於一側坐下來。

心中生起之對象，
令其一境與安止。
觀察一切有爲法，
皆爲無常與無我。　(Thig. 176-177)

鬱多羅將波吒左囉的話放在心中，她因此而得到了三種真實
智明。

在《長老尼偈》中有一段記載，描述波吒左囉如何像往常一
樣教導其他比丘尼，以及她們從她的勸告中所獲得的利益。
這些偈頌根據末頁的說明，是由三十位不知名的比丘尼所
說，她們在波吒左囉面前表達證得阿羅漢果：

「手執杵臼勤工作，
年輕男子搗穀粒。
照顧彼等之妻兒，
青年因此得財富。

修習佛陀之教法，
於所做事無後悔。
迅速清洗汝雙足，
並於一側坐下來。
調伏汝心得安止，
修習佛陀之教法。」

聽聞其諄諄告誡，
波吒左囉之指導，
彼等洗足坐一側。
然後勤修心安止，
彼等修習佛教法。

於夜晚之初時分，
彼等憶念彼前世。
於夜晚之中時分，
彼等得到天眼淨。
於夜晚之後時分，
彼等驅散無明闇。

從座起身禮彼足，

「置汝指導於心中，

如三十天禮因陀羅(Indra)②，

戰場無人能勝者，

吾等敬汝亦如是。

吾皆漏盡持三明。」 (Thig. 119-121)

多生出家，積聚智見

波吒左囉能如此快速地從一個輕浮的少女變成僧伽長老，是
因為她在前世就已修習所需功德。據說，在前世諸佛座下，
她就已曾多次出家成為比丘尼。她所積聚的智見，就潛伏在
來世的行為之下，等待適當的因緣成熟。

當她的老師喬達摩佛出現時，她很快就找到他，受到痛苦與
潛意識動力的驅策，而努力找出解脫無始輪迴的方法。在佛
陀與其解脫法的引領下，她出家並達到無為解脫。

原註

❶ 出處：《法句經註》(針對第113頌)，Thig. vv. 112-116與註釋；Ap. ii, 2:10。見
BL, 2:250-256。

譯註

① 三明：即宿命明（知眾生前生的往因）、天眼明（能見眾生的業色，知其來生的去處）、漏盡明（知斷盡一切煩惱）。只有阿羅漢才能獲得此三明。

② 因陀羅(Indra)：又名帝釋天王(Sakka)，是三十三天的大王，住在該界首府「善見」裡的最勝殿。三十三天的得名，據說是有三十三位將自己的生命奉獻於他人福祉的善男子，死後投生於該天界，而成為該界的大王與三十二位小王，所以稱為「三十三天」。

第十章

慷慨的交際花：菴婆波利

在許多宗教的早期階段中，常出現的一個角色是著名的交際花或小妾，她們的改變與內在轉化，顯示出真與善的力量遠勝過人的劣質性。例如在《新約聖經》中，我們看到抹大拉的瑪利亞(Mary Magdalene)①，與埃及荒野中的埃及人瑪利(Mary the Egyptian)，以及早期蘇菲主義(Sufism)②的拉比亞(Rabi'a)③。在佛陀的時代，我們則有菴婆波利(Ampapālī)與師利摩(Sirimā)④。

觀察她們的一生是個有用的練習，至少能使我們沒有歧視與成見，並提醒我們智慧與聖潔的潛能只是被遮蔽而已，永遠不會因為外在生活型態的不幸與低賤而消失。

被迫成為交際花

菴婆波利的一生從一開始就很不尋常。❶有一天在吠舍離(Vesālī)，離車族統治者的園丁在一棵芒果樹下發現一個女嬰，便為她取名為「菴婆波利」，「菴婆」(amba)是芒果，

「波利」(pāli)是線或橋的意思。

她長大後非常美豔動人，幾個離車族王子都想娶她，每個人都想將她據為己有，結果引起許多紛爭。由於誰也不肯退讓，因此他們在冗長的討論之後，最後決定菴婆波利不應該屬於任何一個人，而應由大家共同擁有。

因此，她被迫成為交際花——在宮廷裡供人取樂的女子，地位和普通妓女很不相同。透過她善良的個性，她對離車族王子們產生安定與提升的作用，她也投入許多金錢在慈善活動上，因此在離車族的貴族之間，儼然成為一位無冕皇后。

菴婆波利的名聲，很快便傳到摩揭陀國頻毗娑羅王的耳中，他覺得自己也應該有這樣一個活招牌來為首都增光。因此，他找了一個年輕女子娑羅跋提(Sālavatī)，她後來成為御醫耆婆(Jīvaka)的母親。然而，頻毗娑羅王首先親自去見菴婆波利。一如其他所有的人，他被她的美麗征服，盡情享受她所提供的歡樂，結果她懷了他的孩子。

供養佛陀與僧伽

在佛陀最後的遊行過程中，曾在吠舍離停留，並待在菴婆波利的芒果園中。菴婆波利前來向他頂禮，佛陀則給她一個很長的佛法開示，開示結束後，她邀請佛陀與比丘僧隔天到她

家用餐。

她乘坐最好的馬車趕緊離開，離車族王子們則乘坐他們最好的馬車與她並駕齊驅，並問她為何走得如此匆忙。她回答佛陀與僧眾次日會到她家應供，她必須確定一切都已準備妥當。貴族們提供十萬個金幣，請求她將這個寶貴的機會讓給他們，但她回答，即使給她全吠舍離與它的金銀財寶，也不會交換這一餐。

因此，離車族人便去找佛陀，邀請他隔日接受他們的供養。然而世尊拒絕了，因為他已答應接受菴婆波利的邀請。離車族人於是捶首頓足，並大叫：「我們輸給那個芒果女孩了！我們被那個芒果女孩打敗了！」翌日，佛陀在菴婆波利家用完餐後，菴婆波利走向他，宣佈將她那片美好的芒果園獻給僧團，佛陀先前就曾在那個地方做過幾次開示。

以自己的身體作為禪修主題

菴婆波利和頻毗娑羅王所生的兒子後來出家成為比丘，名為毘摩羅·憍陳如(Vimala-Koṇḍañña)，證得阿羅漢果。後來，菴婆波利在聽完兒子的一次開示後，加入比丘尼僧團。她以自己的身體作為禪修主題，思惟它的無常與受制於苦，並由此達到阿羅漢果。在《長老尼偈》她晚年所說的偈頌中，她

比較從前的美麗和現在的憔悴，令人感動：

　　昔吾髮黑且油亮，
　　每根髮尾皆蜷曲。
　　如今由於已年老，
　　變得猶如粗麻草。
　　與實語者言無異。

　　昔頭覆芬芳花鬘，
　　如寶匣之微妙香。
　　如今由於已年老，
　　氣味猶如狗毛臭。
　　與實語者言無異。

　　往昔吾眉甚美麗，
　　如畫師手繪新月。
　　如今由於已年老，
　　下垂呈現皺紋痕。
　　與實語者言無異。

　　明亮美麗如珠寶，

吾眼湛藍且形長。
如今年老視茫茫，
美麗已蕩然無存。
與實語者言無異。

往昔吾牙甚美觀，
色如車前草嫩芽。
如今由於已年老，
彼等殘破且灰黃。
與實語者言無異。

昔吾雙乳甚美麗，
渾圓飽滿與高挺。
如今鬆垮與下垂，
宛如一對空水袋。
與實語者言無異。

昔吾身軀甚美麗，
光滑亮麗如金箔。
今已佈滿粗細紋。
與實語者言無異。

昔吾雙腿甚美觀，
細緻充實如原棉。
如今由於已年老，
乾裂且佈滿皺紋。
與實語者言無異。

此身如是現衰頹，
多種苦痛之住所。
無異一座老破屋，
灰泥已紛紛掉落。
與實語者言無異。 (Thig. 252-270；選錄)

不斷如此思惟，使菴婆波利逐漸洞見存有的本質。她獲得宿
命智，看見輪迴旅程中的蜿蜒曲折：時而為妓女，時而為比
丘尼。她也看見縱使自己有時墮落沈淪，仍會做出非凡的布
施，為她的來生帶來福報。

成為「佛陀的真實女兒」

一直以來她都很美麗，但她的外在美貌總是難逃衰、壞、
老、死的命運。如今在她的最後一世，透過徹底滅除煩惱，

她已達到究竟解脫的不朽之美。在以下的偈頌中，菴婆波利
證明她已成為「佛陀的真實女兒」：

無數眾生見證下，
吾在正法中出家。
吾已達到不動法⑤，
成爲佛陀眞女兒。

吾是精通神變者，
具有淨色之耳根。
大聖！吾是精通於：
他心智之神通者。

吾知往昔之宿命，
並已獲得天眼淨，
吾之諸漏皆已斷，
如今已不受後有。　(Ap. ii, 4:9, vv. 213-215)

原註

❶ 出處：Vin. 1:231-233; DN 16; Thig. 252-272與註釋：Ap. ii, 4:9。

譯註

① 抹大拉的瑪利亞是個擺脫了被侮辱、損害的妓女，由於她的懺悔，得到耶穌的赦免，成為他最堅定的使徒之一。她侍奉耶穌，聽他傳道，更重要的是她目睹基督上十字架，而且成為耶穌復活的見證人。耶穌受難復活以後，顯靈說：「無論在何處傳道，都要宣揚抹大拉瑪利亞的事蹟。」

② 蘇菲主義即伊斯蘭教的神秘主義，是伊斯蘭教中，除了遜尼派、什葉派之外，一支以和平、寧靜的冥想修行著稱的苦行教派，當苦修者悟道後，就成為「蘇菲」——眾人的指導老師。蘇菲教派要求人要多紀念和崇拜真主，以便儘可能地接近真主。其特色是將詞句優美的經文編作歌曲，以音樂進行群體修行。

③ 拉比亞(Rabia, ?-801)：一位女「蘇菲」，是伊斯蘭教最早的神秘主義聖徒之一。她主張人不應因恐懼或有所求而愛主，而應因主之美而愛主。後來的蘇菲派詩人喜用情侶關係寓意人與主的關係，淵源於此。

④ 詳見本書第一部‧第十一章〈師利摩與鬱多羅〉，頁168-178。

⑤ 此處應是指六種阿羅漢之一與九無學之一的「不動法阿羅漢」，即得阿羅漢果中最利根的種性，得盡智、無生智而不退動者。

師利摩與鬱多羅

師利摩(Sirimā)的故事，記載於巴利註釋書中，從一個名為鬱
多羅(Uttarā)的女人說起，她是王舍城富商富樓那(Puṇṇa)的女
兒。富樓那與鬱多羅都是佛陀的弟子。❶

師利摩代替鬱多羅服侍其丈夫

有個富商名為蘇曼那(Sumana)，他是富樓那以前的雇主，想
要讓兒子和鬱多羅結婚。然而，富樓那卻不願意接受這項提
親。蘇曼那提醒富樓那多年來都受雇於他，他現在的財富都
是那段時間累積來的。富樓那回答：「你和你的家人追隨外
道，但我女兒的生活中卻不能沒有三寶。」蘇曼那懇求其他
商人來勸富樓那將女兒嫁給他兒子。最後，富樓那所尊敬的
師友也來請求，他深受感動，只好讓女兒出嫁。

這段婚姻發生在雨季一開始，比丘們正展開每年為期三個月
的雨安居。鬱多羅在搬去丈夫家後，便不再有機會見到比丘
與比丘尼，更別說供養他們與聆聽佛法了。經過兩個半月，

她一直忍受這種沒有佛法的生活，但之後她傳信息給父母：
「你們為何將我丟入這樣一種監獄中呢？我寧可自己被賣給人
當奴隸，也不願嫁入這種缺乏正信的家庭。在這段時間當
中，我在這裡完全不被准許做任何善事。」

富樓那收到這個消息後非常難過，出於憐憫女兒，他想出一
計幫女兒完成心願。他送一萬五千個金幣連同底下的信息給
女兒：「師利摩是我們城裡的交際花，一夜春宵要價一千個
金幣。妳將隨函寄去的金幣交給她，請她侍候你丈夫十五
天，這段時間妳可以儘量去做想做的善事。」鬱多羅聽從這
個建議，將師利摩帶回家裡。當丈夫見到這位美麗的交際花
時，他立刻同意讓她代替妻子十五天。如此一來，鬱多羅就
可以隨她所願去供養與聞法了。

師利摩由妒生恨而傷害鬱多羅

終於到了雨安居結束的前一天，過了這天比丘們又要開始遊
方的生活了。在之前的十四天，鬱多羅請求佛陀與僧眾每天
都到她家應供。佛陀出於同情而同意這項邀請，因此她可以
聽到許多佛法。

在雨安居結束儀式的前一天，鬱多羅一直在廚房忙著準備。
看見她繁忙的樣子，她丈夫忍不住嘲笑她愚蠢。看著她忙進

忙出，汗水淋漓與蓬頭垢面，他心想：「這個蠢才不知道如何好好地享用她的財富，反而為了款待那個光頭沙門而瞎忙成這樣。」他笑著轉身離開。

師利摩看見他在笑，心中正納悶是怎麼一回事，接著又看見鬱多羅就在附近，便立即連想他們剛才一定在相好。這令她惱羞成怒，十四天來她一直享受當人家情婦的感覺，如今此事提醒她，她只不過是個外人而已。她由妒生恨，想要傷害鬱多羅。

因此，她走進廚房，拿起一杓滾燙的熱油走向鬱多羅。鬱多羅看見她走來，心想：「我的朋友師利摩幫了我那麼大的忙，這份恩情天高地厚，有了她的幫忙，我才可以供佛與聞法。如果現在我有任何瞋心，就讓熱油燒了我，如果我沒有瞋心，則它將燒不到我。」她對師利摩充滿慈心，當這個交際花把熱油澆在她頭上時，它像冷水一樣流下來，沒有造成任何傷害。

師利摩大怒，又舀起一杓熱油，希望這次它會燒起來。這次鬱多羅的侍女們已有防備，她們捉住師利摩，將她推倒在地，並對她拳打腳踢。鬱多羅起初試圖阻止但無效，最後她乾脆擋在師利摩與侍女之間，然後平靜地問她：「妳為什麼要做這種邪惡的事？」然後她以溫水為她清洗，並為她噴上最好的香水。

師利摩請求佛陀的原諒

師利摩恢復理智後，才想到自己在這個家中其實只是個客人
而已。她心想：「我確實做了一件邪惡的事，只因為她丈夫
對她笑，就將熱油澆在她頭上。對此她不只不生氣，反而還
在侍女攻擊我時，阻止她們並保護我。如果我不乞求她的原
諒，就讓我的頭碎成七塊。」她拜倒在鬱多羅腳下，求她原
諒。鬱多羅說：「我父親還活著，如果他原諒妳，我就原諒
妳。」於是師利摩說：「我會去找妳的父親——富有的商
主，請求他原諒我。」

鬱多羅回答：「富樓那是將我帶入痛苦輪迴的父親，如果將
我帶出輪迴的父親原諒妳，我就原諒妳。」

「但將妳帶出痛苦輪迴的父親是誰呢？」

「佛陀——正等正覺者。」

「但我不認識他，我應該怎麼做呢？」

「大師和僧眾明天會來這裡，妳親自獻上能力所及的供養，求
他原諒。」

師利摩欣然同意並回家。她告訴僕眾準備各式各樣的食物，
隔天將它們拿去鬱多羅家。然而她還是對自己的惡行感到慚
愧，不敢親自服侍僧眾；鬱多羅代她打理一切。

當所有人都吃完後，師利摩跪在佛陀跟前，乞求原諒。「原

諒什麼？」他問。師利摩將整件事告訴他，佛陀向鬱多羅求證，並問她當她看到師利摩拿著熱油來找她時，心中作何感想。「我對她充滿慈心，」鬱多羅說：「並想：『我的朋友師利摩幫了我那麼大的忙……』」

鬱多羅與師利摩聞法證果

「很好，鬱多羅，很好！」世尊說：「那是克服瞋心的正確方式。」然後他補充以下偈頌：

> 不怒勝瞋恚，
> 不善以善伏，
> 惠施伏慳貪，
> 真言壞妄語。　(Dhp. 223)

然後大師對在場所有人說法，解釋四聖諦。在這個指導結束時，鬱多羅達到一來果。在此之前不信佛法的丈夫，以及同樣懷疑的公婆，則都達到入流果。師利摩也達到入流果。她不願再繼續作交際花，轉而積極投身護持僧團與行善。

師利摩供養僧眾

師利摩廣發邀請函給僧團，請他們每天輪流派遣八位比丘到她家用餐。她總是親自服侍前來的僧眾，且食物充足，每一份都夠三到四人吃。

有一天，在師利摩家中用餐的八位比丘之一，回到他三哩外的寺院。到了寺院，長老們問他食物是否足夠，他解釋每天食物的安排。當他們問到食物好不好時，他高興地說簡直難以形容，一切供養都是最好的；且每一份都很慷慨，足夠三到四人吃。但他接著又說，師利摩的外表更勝過她的供養：她美麗又高雅，散發無比的魅力。

他在說話時，其中一個比丘雖然從未看過師利摩，但光聽他的描述，竟然就迷戀上師利摩。迫不及待地想隔天就看到她，他一大早就爭取到一張邀請函。恰巧師利摩那天生病，因此脫下華服在床上休息。當她得知比丘們已到達時，連起身的力氣都沒有，只能吩咐侍女們服侍他們。

當所有的缽都裝滿食物，比丘們開始進食時，她勉強從床上起來，在兩位侍女的攙扶下，痛苦地來到房間向比丘們表達敬意。她如此虛弱，以致於全身都在顫抖。這個患了相思病的比丘，看見她這個樣子，心想：「她即使生病，看起來仍然如此動人。不難想像當她健康並且盛裝打扮時，會有多麼

美麗！」

長期受壓抑的愛欲在心中一發不可收拾，他根本就吃不下任
何食物。他就這樣帶著缽走回寺院，然後蓋上缽，躺在床
上。雖然他的朋友們試圖勸他吃點東西，但都無效。

師利摩的腐屍示現無常真理

那一晚，師利摩就死了。頻毗娑羅王傳話給佛陀：「尊者，
耆婆的妹妹已經去世。」❷佛陀也給他回話，大意是說不要
立即火化她的遺體，應該放在墳場，派人加以守衛，以防被
烏鴉與野獸吃掉。這件事就這麼辦了。

三天之後，腐爛的屍體全部腫脹與生蛆，看起來就像一鍋飯
在火上滾沸冒泡。頻毗娑羅王命令王舍城中的所有成年居
民，都要排隊參觀屍體，否則將被罰八個金幣。在此同時，
他也傳話給佛陀邀請他與僧眾前來墳場。

那個患相思病的比丘已四天未進食，缽中的食物如今也都生
蛆。他的朋友們來看他並說：「兄弟，大師將要去看師利
摩。」聽到「師利摩」這三個字，他就像觸電般，忘了自己
的虛弱與飢餓，立即跳起來，倒掉食物與清洗他的缽，然後
加入其他人一起去看師利摩。到了那裡，已經聚集了一大群
人。佛陀和僧眾站在一邊，後面是比丘尼，然後是國王與隨

從，最後是男、女信眾。

佛陀問頻毗娑羅王：「此人是誰，大王？」「尊者！耆婆的妹妹師利摩。」「這是師利摩？」「是的，尊者！」「那麼讓我們擊鼓宣佈，誰肯付一千金幣便可擁有師利摩。」

但如今沒有人想要師利摩，即使降低價錢也沒人要，甚至降到一分錢，乃至免費，也是如此。

然後佛陀說：「瞧，比丘們！這個顛倒眾生的女人。在同樣這座城市，過去人們會高興地付一千個金幣，和她共度一夜春宵，但如今即使免費，也乏人問津。身體就是如此，容易腐爛與毀壞，只有透過裝扮才吸引人，它是具有九孔瘡傷的積聚，由三百根骨頭撐起，是個長期的負擔。只有愚人，才會對這個不可靠的事物產生迷戀與幻想。」然後他以一首偈頌作總結：

瞧此皮囊皆裝飾；
僅是創傷之積聚。
貪欲對象會害病，
毫不穩定與持久。 (Dhp. 147)

在佛陀給了這個「葬禮演說」，一堂以實際對象為教法的課程後，這個患相思病的比丘終於解脫渴愛。他專注於身體的思

惟，修觀並達到阿羅漢果。

天女師利摩禮敬佛陀

師利摩也參加了自己的葬禮，死後轉生到三十三天為天女的
她，俯視人間，看見佛陀與僧眾和人群站在她的屍體旁。她
由五百名天女乘坐五百輛馬車陪同，在一片榮光中從天而
降，下車禮敬世尊。

僧團中的第一詩人──鵬耆舍(Vaṅgīsa)尊者，以偈頌對她說，
問她從哪裡來，以及做何善事能得此成就。師利摩以偈頌回
答他：

> 位於山間勝建城，
> 吾是勝光王侍者，
> 擅長歌唱與舞蹈，
> 王舍城稱師利摩。

> 佛陀、世尊、無上師，
> 教我苦、集與無常，
> 無為與究竟苦滅，
> 與此無曲、正、吉道。

聽聞無爲不死法①，
無上如來之教法，
吾持清淨之禁戒，
安住尊佛所傳法。

既知清淨無爲法，
無上如來所傳授，
吾於當下得安止：
此乃吾無上保證。

既得無上不死法，
命運已定見殊勝。
遠離諂曲眾所尊，
享受豐盛喜與樂。

吾乃天女求道者，
無上如來女弟子；
學法住於初果上，
解脫惡趣入流者。

尊敬光榮之法王，

吾來頂禮無上士②，

以及樂善賢比丘，

敬禮吉祥沙門眾。

見聖吾歡喜揚揚，

如來調御大丈夫③。

吾敬禮大慈悲者，

斷欲樂善之導師。 （Vv. 137-149）

原註

❶ 出處：《法句經註》（針對第223頌）；Vv. 137-149與註釋。見BL, 3:99-107；
   Vimāna Stories（《天宮事經》），pp. 110-122。

❷ 師利摩的家庭關係如下：頻毗娑羅王的兒子阿跋耶（Abhaya）王子，和王舍城
   一個交際花娑羅跋提（Sālavatī）有過一段風流韻事，結果生下耆婆（Jīvaka），
   後來成為摩揭陀國的宮廷御醫。之後，娑羅跋提又生下師利摩，其父不詳。因此
   耆婆是頻毗娑羅王非婚生的孫子，而師利摩則是間接的繼孫女。這也許可以解釋
   國王對她的關注。（譯按：依前章所述，耆婆是頻毗娑羅王與娑羅跋提的兒子，
   與此所述不同。）

譯註

① 無為法、不死法即指涅槃。
② 無上士：具有最圓滿德行的知識分子，佛是具足圓滿德行的知識分子。
③ 調御丈夫：「調御」的意思是即調伏制御，佛以大丈夫力，說種種法，能調御、
   制伏一切眾生的煩惱，令得大涅槃。與「無上士」共成一號，稱為「無上士調御
   丈夫」。

第十二章

結束輪迴的旅程：伊師達悉

在後來成為阿育王(Asoka)首都的華氏城(Pāṭaliputta)，住了兩位佛教比丘尼——伊師達悉(Isidāsī)與菩提(Bodhi)，兩人都擅長禪思，精通佛法，解脫一切煩惱。❶

勤勞與認真的家庭主婦

有一天，這兩個朋友托缽與用餐完後，坐在樹蔭下談起個人的生平。年紀較大的菩提，在加入僧團之前顯然經歷過許多痛苦，她很好奇年輕的同伴伊師達悉為何會決定出離世間。後者正值青春年華，擁有花容月貌，很難想像她曾經歷過什麼苦難。年長比丘尼問她，是何種存有的痛苦驅使她過出家的生活？

> 伊師達悉甚可愛，
> 並且正值青春時，
> 汝曾見何惑業苦，

導致汝追求出離？（Thig. 403）

伊師達悉說出她的故事。她出生在南方阿槃提(Avanti)國的首都優禪尼(Ujjeni)。她的父親是個有錢人，而她是父親鍾愛的獨生女。父親的一個富商朋友請求將女兒嫁給他兒子，她的父親很高興女兒可以嫁入這個朋友家。

伊師達悉是個正直與有教養的年輕女子，她在家尊敬父母，出嫁後同樣孝養公婆，並和丈夫的所有親戚都相處融洽，始終維持謙虛有禮。她也是個非常勤勞與認真的家庭主婦，無微不至地服侍丈夫，甚至不假僕人之手而親手烹調：

我親自下廚煮飯，
並親自清洗碗盤。
如母對待獨子般，
如是服侍我丈夫。

我待他以最敬意，
並且謙卑服侍他；
我早起、勤奮、正直，
而我丈夫卻恨我。 （Thig. 412-413）

伊師達悉真的是印度典型的理想妻子，她們無私地服侍丈夫，而她的丈夫應該更慶幸找到這樣的人生伴侶。因為印度女人通常便以溫柔著稱，而她更是當中的佼佼者，實在是個難得的珍寶。

三任丈夫無緣由的憎恨

然而，奇怪的是，她丈夫卻無法忍受她，他去向父母抱怨。他的父母很讚賞媳婦的美德，因此滿懷困惑地問這個年輕人，為什麼不喜歡她。他解釋，她當然不曾傷害或冒犯過他，但自己就是不喜歡她，且感到厭倦並覺得已受夠了，因此準備離家出走，這樣就不會再看見她 (Thig. 414-416)。

這對父母非常難過，無法了解兒子，因此找來伊師達悉，傷心地告訴她事情的經過，並再三保證不會責怪，請求她坦白告訴他們，她到底做了什麼事。他們一定是猜想兒子有難言之隱，因此希望鍾愛的媳婦能說出實情，以便設法幫她挽回丈夫。

這整件事都是在平靜與尊重的情況下發生，無論是公婆或丈夫都沒有以粗暴的方式對待她，丈夫甚至準備離開家，而不是對伊師達悉採取什麼行動。無論媳婦犯了什麼錯，這對父母也都準備要原諒她。但她老實地回答：

我並未犯任何錯，

我也不曾傷害他，

也未粗言對待他。

爲何吾夫憎恨我？ (Thig. 418)

事實上，根本不曾發生任何事。即使她丈夫自己也不知道爲
什麼憎恨她，且無法合理解釋他的反感。當伊師達悉的公婆
知道情況無法挽回時，由於不想失去兒子，只好將她送回父
母家。他們心想，這麼好的女人定可找到另一個能讓她快樂
的丈夫。對伊師達悉而言，這當然是段極端難堪的經驗。以
棄婦的身分回到父母身邊，她簡直傷心欲絕：

以棄婦身苦不堪，

彼等遣我回父家。

「爲安吾兒，」彼哭道：

「無福接受美天女！」 (Thig. 419)

她在父親的保護下被帶回家。雖然他無法理解這是怎麼一回
事，但開始爲她尋找另一個丈夫。在認識的人當中，他找到
一個正直又富有的人，他很高興能娶到伊師達悉，並願意出
一半的婚禮費用。

雖然伊師達悉以最深的愛意服侍丈夫，但同樣奇怪的模式在僅僅一個月後又再度發生。第二任丈夫不再愛她，且看到她就心煩，於是將她送回去給她父母，結束了這段婚姻。

現在，她和父親兩人完全困惑不解。不久之後，一個托缽行者來她家乞食。這個人似乎不太滿意他的苦行生活，於是伊師達悉的父親突然想到將女兒嫁給他。她父親建議他放棄衣與缽，改過更舒適的生活，有華廈為家，又有美麗的伊師達悉為妻。行者立即答應這誘人的提議，因為那完全超出他的預期。

但在短短兩個星期之後，他來找岳父請求歸還衣與缽，他寧願當個最貧窮的乞丐，也不願多花一天和伊師達悉在一起。這家人說，因為他是個正直的人，因此願意滿足他任何願望，只懇求他能留下來。但他拒絕任何勸誘，他表示自己只確定一件事——他再也無法和伊師達悉共處一室。說完就離開了(Thig. 422-425)。

出家七日證得三明

伊師達悉萬念俱灰，想到寧可自殺也不願再忍受這種痛苦。恰巧就在那天，耆那達陀(Jinadattā) 比丘尼來她父親家托缽乞食。看見這位比丘尼祥和的外表，伊師達悉心想自己也能成

為比丘尼。

她說出願望，但父親不願失去獨生女而勸她留在家裡，他說她可以在家做善事，那也能帶來福報。但伊師達悉哭著乞求父親讓她出家，這次她了解到，自己那令人不解的命運一定有些更深層的原因——某些前世所作的惡業。最後她父親終於軟化：

於是吾父對我說：
「達到覺悟與正果，
獲得無上士本人，
已經證悟之涅槃。」 (Thig. 432)

伊師達悉就此離開了父母與親戚們，跟著長老比丘尼到寺院出家。

她在剃度之後，七天內竭盡所能精進修行，在一週結束時，便已達到三明——宿命智證明、生死智證明與漏盡智證明。透過她憶念宿命的能力，伊師達悉發現她此生婚姻失敗的背後原因，以及潛伏在輪迴幽暗處的更多其他因素。

過去世曾為風流倜儻的金匠

伊師達悉觀察過去，看見八世以前，她曾經是個男人—— 一個金匠，英俊又富有，魅力十足，充滿青春活力。由於著迷於肉體之美，這個風流倜儻的金匠引誘別人的妻子，完全不顧社會的倫理道德。他喜歡征服別人的妻子，一個接一個，猶如蝴蝶在花間穿梭。

一如卡沙諾瓦(Casanova)①與唐‧璜(Don Juan)②等大眾情人，他玩弄愛情，並對他可能造成的傷害全無內疚。他只想要享受征服的快感，肉慾的歡愉，從來不願負起任何責任，或做任何承諾，或盡愛的義務。

他想要一再地玩樂，且想要各種變化的歡樂。他傷透了受害者的心，卻毫不關心她們的下場。對他來說，傷心或結婚並無差別。因此，他就這樣不斷地玩火直到死去。

死後墮入地獄受苦

然後，他落入黑暗的深淵，那是他咎由自取的。他轉生到號叫與緊牙地獄③，在那裡他體會到加諸於別人的千倍痛苦。由於他過去不論在做法與想法上都冷酷無情，因此在地獄中也受到冷酷無情的懲罰，毫無憐憫與同情，一如自己在世時的殘忍與絕情。

據說，在地獄中對姦夫與淫棍的特殊懲罰是，走過劍葉林④，沒有喘息的機會。他們看見遠處一個美女，去追她時，便被利刃割得體無完膚。而這個女人就如自在的命運女神般，一直在前面招手，卻永遠也搆不到。而那個淫棍由於受到慾念驅使而身不由己，他一再地跑入森林中，被劍葉割成碎片。「我長期受此折磨」，伊師達悉比丘尼說(Thig. 436)。她清楚記得她身為金匠的情形，且完全了解他為何會受到如此痛苦的罪報。

墮入畜生道受苦

在結束這個地獄的懲罰後，他繼續輪迴。下一世的他什麼都忘了，投生到一隻母猴的子宮中。由於他已經歷過最糟的惡業報應，現在開始慢慢地從底部升上來。在瞋恨的罪報結束後，他還保有獸性的慾望，那個瞋恨是他粗魯地拒絕所誘惑的女人，並鄙視她們受騙丈夫所造成。由於這個習氣的影響，他遂變成野獸。

這符合丟尼修大法官(Dinonysius the Areopagite)⑤的說法：「欲望的本質是，它會將人轉變成它所欲求的事物。」那個人由於肆無忌憚地縱欲，如今自食其果，變成一隻野獸，而這是最接近人的野獸——猴子。然而，牠在出生之後短短七天，就被猴王咬掉生殖器，以防止未來的競爭：

族中一隻大猴王，

七日即將我去勢。

這是彼業之果報，

因我誘惑他人妻。　(Thig. 437)

在猴身死後，他投生為一隻羊，一隻瘸腿、獨眼母羊的後
代，而且遭到閹割，無法滿足性慾。就這樣牠痛苦地活了十
二年，不只受腸內寄生蟲所苦，且經常得載送小孩。

他第三次於畜生道是投生成閹牛，長年被迫耕田、拉車，很
少有休息的時間(Thig. 440-441)。辛勤工作是這個放蕩金匠最
不想做的，如今則成了他無法逃避的事。他必須做很多事，
很少娛樂，不僅被去勢，而且整天都得拉重物，之後眼睛還
瞎了。

投生為陰陽人與女人

這個金匠在歷經地獄、猴子、羊、牛的轉世之後，終於再度
轉世為人──但卻是個不男不女的陰陽人(Thig. 442)。因為他
以前迷戀性器官，包括自己和那些女人的，如今他發現自己
同時擁有兩者。這當然再次使得他兩頭落空，無法得到任何
性慾的滿足，成為社會的邊緣人；特別因為他是女奴之子，
且出生在貧民窟。勉強痛苦地活了三十年後，他就死了。

這個從人到地獄，從地獄到畜生，再從畜生到陰陽人的有情眾生，下一世轉生為女人，終於完成性別的轉換，他如今成了從前欲求的對象——女人，欲望的確會將人轉變成它所欲求的事物。

這個新生女嬰是某個一文不名賤民車夫的女兒，他一事無成，最後欠了一屁股債。債主們經常來騷擾他，而他又什麼也還不出來，於是將女兒賣給其中某個富商作奴隸。商人免除他的債務，並給他一些錢作為報酬，然後就將他女兒帶走。她哭泣與傷心都沒有用，就被從家裡帶去作奴隸。

當她十六歲是個迷人的處女時，少主人愛上她，並娶她為第二個妻子。他先前已娶了個高尚與正直的妻子，她愛他甚於一切。對於丈夫另外娶妻，她當然很悲傷，覺得自己被拋棄。那個較年輕的女人竭盡所能地捍衛剛取得的地位，並成功地挑撥離間丈夫與妻子。由於了解貧窮與奴隸生活重擔的悲慘，她決定捍衛身為富人妻子的地位，因此無所不用其極地想取代對手。結果鬧得雞犬不寧，直到終於拆散丈夫與第一任妻子為止(Thig. 443-446)。

洞見自己神秘命運的關鍵

那一世，她再次誤用難得的人身福報，之後便轉生為伊師達

悉。她更早以前的惡報已盡，因此得以生為完整的人身。但是因為她前世把另一個女人趕出家門，將自己的快樂建立在別人的痛苦上，因此使得她此世受到接連三任丈夫的鄙夷與漠視。

她所愛的這三個人都不想要她，她身為妻子但卻遭到忽視與遺棄，從表面上看顯然很不公平，但事實上卻是她自己前世行為的果報。然而，由於她並未粗暴相向，而是一直儘量當個模範妻子，因此才能種下未來的福田。在成為比丘尼之後，她以非凡的速度達到禪定，且很快地就洞見自己神秘命運的關鍵。

一旦伊師達悉了解這些因果關係，以及縱慾的惡果，並看清它如何一再地以犧牲別人來成全自我之後，跳脫這痛苦輪迴的心願便油然而生。她了解前世與此世意向的交互作用，且以天眼看見同樣的事也印證在別人身上。

在實際修行中，她如此體會佛法，終於達到第三明——漏盡智證明，徹底覺悟四聖諦，從此永遠解脫生死輪迴，而成為阿羅漢，加入聖者行列。從淫棍墮入地獄，再從三世的雄性動物轉生為陰陽人，接著又從窮苦奴隸的小孩升為富人，最後是一個棄婦。對她來說，前後充滿困惑與愛恨情仇的八世，就已足夠，如今終於解脫，她可以說：

此是前世之果報，

吾雖如奴侍彼等，

彼卻棄我而離去：

吾於此事亦了結。　(Thig. 447)

原註

❶ 出處：Thig. 400-447 與註釋。

譯註

① 卡沙諾瓦(Goivanni Jacopo Casanova de Seingalt, 1725-1798)：義大利人威尼斯人，幼時體弱多病，長大後勵志習醫，因雲遊四海而博學多聞，是義大利當時最風流倜儻的美男子。據說許多婦女只要見到他，總會為他的風采所吸引，難以忘懷！

② 唐‧璜(Don Juan)：這個人物是西班牙作家何瑟‧索瑞亞(Jose Zorrilla, 1817-1893)的名著《東煥‧德諾略》(Don Juan Tenorio)裡的主角。這位女性「殺手」的故事，激發了很多藝術家的靈感，而出現在許多文藝作品中，例如莫札特的歌劇《唐‧喬凡尼》(Don Goivanni)，拜倫的詩作《唐‧璜》(Don Juan)等。漸漸地，唐‧璜這名字就專門用來形容那種玩世不恭，以騙取女人的感情為樂的紈絝子弟。

③ 地獄：譯為「不樂」、「可厭」、「苦器」等。其依處在地下，因此謂之地獄，共有八熱地獄、八寒地獄、近邊地獄、孤獨地獄等共十八種，它是造惡者投生的場所，投生此處的眾生將受到種種極端的折磨。號叫地獄是八熱地獄中的一種，眾生因受極熱之苦而大聲慘叫；緊牙地獄是八寒地獄中的一種，眾生因寒冷難忍而牙關緊咬。

④ 劍葉林：近邊地獄的一種。在此地獄中，鐵樹上生長許多像樹葉一樣的利劍，隨風飄動，將這些眾生的身體切割成碎片，復活後又割截，如是受到切割的痛苦。

⑤ 丟尼修大法官(Dinonysius the Areopagite)：一世紀的基督教殉道者。

第二部

佛陀的第一施主
給孤獨長者

何慕斯・海克／撰

第一章

給孤獨長者成為佛弟子

「如是我聞，一時佛在舍衛國祇樹給孤獨園，……」許多佛經都從這些話開始，因此給孤獨(Anāthapiṇḍika)這位大優婆塞的名字，對閱讀佛教典籍者來說是相當熟悉的。他名字的意思是「施給(piṇḍa)孤獨無助者(anātha)」，是對舍衛城須達(Sudatta)長者的尊稱。

他是誰？他如何遇見佛陀？他和佛法的關係為何？這些問題的答案，可以在傳統經典中和他有關的記載中找到答案。

初次遇見佛陀

給孤獨長者初次遇見佛陀，是在大師覺悟後第三次雨安居過後不久。在這段早期弘法期間，佛陀尚未制定有關住處的規定。比丘們各自住在任何他們想住的地方──林中、樹下、突出的岩石下、山谷、洞穴、墓地或空曠處。

有一天，摩揭陀國首都王舍城的一位富商，成為佛陀忠實的在家弟子。看到比丘們的生活方式①，他建議他們去問世

尊，是否允許比丘接受一個永久住處。當佛陀許可時，富商立即為比丘們蓋了至少六十間房舍，並解釋他是為了累積功德。那第一座佛教精舍的建成，為傳法奠定了基礎，因為如今僧團終於有個訓練中心了。❶

這位商人有個內兄須達，一般都稱他為「給孤獨」，他是舍衛國最富有的商人。有一次，他去鄰國摩揭陀國經商旅行，來到王舍城，他一如往常地先去找與自己友誼深厚的內弟。當他進入房中時，驚訝地發現這家主人幾乎沒注意到他，內弟與其家人一向都熱烈歡迎與關照他，但他看見他們都很忙碌，積極籌備各項事務。他問那全神貫注的內弟這是怎麼一回事：「婚禮？祭祀？或有國王來訪？」但這位內弟解釋：「我邀請佛陀與僧眾明天來此用餐。」

給孤獨很感興趣：「你是說『佛陀』？」

「沒錯，」這位內弟回答：「明天佛陀要來。」給孤獨幾乎不敢相信他的耳朵，又問了第二次與第三次：「你是說『佛陀』？」然後他長歎一口氣，說：「『佛陀』這幾個字的聲音在世間確實難聞，真的能看見他嗎？」他的內弟回答：「今天並不適合，但你可以明天一早去。」

那晚，當給孤獨躺下睡覺時，他的思想與情緒激動澎湃。他如此渴望明天的見面，因此晚上接連醒來三次，以為天已經亮了。最後，在黎明之前他便起身出城，朝寺院走去。在黑

暗中，恐懼襲來，疑惑與不安擾亂他的心，他的一切世俗直覺都告訴他回頭。但一個無形的夜叉(yakka)②尸婆迦(Sīvaka)勸他繼續往前：

十萬頭象，

十萬匹馬，

十萬騾車，

十萬少女，

寶飾莊嚴——

不及一步向前十六分一。

「前進，長者！前進，長者！前進對你較好，莫再回頭。」
因此給孤獨便堅定地向前走。不久之後，他看見霧中一個人正安靜地來回行走。給孤獨停下腳步，然後這個人以難以形容的悅耳聲音叫他：「來，須達！」
給孤獨驚訝於這種表達方式，因為沒有人會直呼其名。大家都只知道他叫給孤獨，此外，佛陀並不認識他，而他又是無預期地來訪。因此他很確定，面前的這個人就是佛陀。被這次奇特的相遇所感動，他拜倒在世尊腳下，以結巴的聲音問他：「世尊睡得好嗎？」佛陀對於他這個傳統問候的回答，使給孤獨得以一窺他的真實境界：

彼實常安眠，

梵志已止息，

不貪著欲樂，

寂滅無所求。

斷除諸執著，

心中無罣礙，

佛陀實安眠，

已達心安穩。

開啟清淨法眼

然後世尊一步步帶領給孤獨，對他說布施、持戒與升天；說
欲樂的危險、虛幻與敗壞的本質；以及說出離的利益。當他
看見給孤獨的心意已準備好——達到柔軟、無礙、提升與安
詳時，他向他解釋諸佛的不共法：苦、集、滅、道的四聖
諦。給孤獨因此開啟清淨法眼(dhamma-cakkhu)③：「凡有
生，必有滅。」他已了解「法」的實相，克服疑惑，得到不
壞淨信④，於佛陀教化可以自立，證得入流道與入流果。
於是他邀請世尊隔天到他內弟家用餐，佛陀答應了。餐後，
給孤獨問佛陀，他是否可以在家鄉舍衛國為僧團建造一所寺

院。佛陀回答：「諸佛皆喜好靜處。」

「我了解，大師！我了解。」給孤獨因為他的提議被接受而狂喜。❷

金幣鋪地，布施祇樹給孤獨園

當給孤獨返回舍衛國時，他沿途鼓勵人們以恭敬的態度迎接佛陀。他一到舍衛國，便立即尋找適合的寺院位址。這地方既不能離市區太近，也不能太遠；它白天不能受到人們干擾，夜晚也不能喧譁；它應該讓虔誠的訪客易於到達，並適合喜好隱居者。最後，在城市的環山帶，他發現一處非常理想的美麗林地，這是祇園(jetavana)，屬於波斯匿王的兒子——祇陀(Jeta)王子所有。

給孤獨去宮中拜訪祇陀王子，問他是否願意出售林地。王子回答它價值一千八百萬金幣，但即使有人出此價錢他也不賣。「我現在就給你這麼多錢，」給孤獨回答。但他們一直無法達成協議，於是就去找仲裁者。仲裁者裁定，以一千八百萬金幣為基礎，王子應獲得能鋪滿這片土地的金幣數額，於是雙方在這個基礎上達成協議。

給孤獨帶來許多裝滿金幣的車輛，並將金幣鋪在地上。最後只有入口一小塊地是空的，他便命人取來更多金幣，但祇陀

王子宣佈，他準備自費在那個地方蓋一個大門與塔樓。這個宏偉的堡壘與大門保護寺院免於受外界干擾，不僅隔離噪音，還能區別凡聖。

給孤獨於是又花了一千八百萬金幣供建築與裝潢。他蓋單人寮房、會議室、餐廳、庫房、走道、公廁、水井、洗浴用的蓮花池，以及大圍牆。就這樣這片林地被轉化成寺院與脫俗的宗教聖地(Vin. 2:158-159)。為了紀念這兩位捐贈者，經典總是將兩人的名字並列：「祇樹」與「給孤獨園」。

「第一施主」給孤獨

一切工程都完成後，佛陀與僧眾便前來舍衛國的新寺院居住。他們一到達時，給孤獨就邀請他們用餐，餐後他問佛陀：「我應該如何進行奉獻這座祇園呢？」「你可以將它獻給現在與未來的四方僧伽。」給孤獨於是遵照辦理。然後佛陀以下面的偈頌表達對他的感謝：

免受寒、暑、野獸害，
以及夏季蛇、蟲、雨；
避開可怕之熱風，
庇蔭禪觀得自在——

佛陀稱讚之住所，
對於僧伽第一施。

因此智者為自福，
應為學者建住所。
以清淨心施仁者，
給予食、水、衣與住。
彼等教他斷惡法；
悟法達無漏涅槃。　　(Vin. 2:147-148; 2:164-165) ❸

緊接在供養僧伽之後是在家眾的盛大慶典，每個人都有禮物。這又花了給孤獨一千八百萬金幣，算起來他在祇園精舍上總共花了五千四百萬金幣。因此，佛陀稱他為僧伽的「第一施主」(AN 1, chap. 14)。

原註

❶ 出處：Vin. 2:146 ff。

❷ 給孤獨和佛陀相遇的故事，記載於SN 10:8、Vin. 2:154ff與《本生因緣記》（*Jātaka Nidānakathā*，乃本生經的序論與佛傳）中。

❸ 由荷那（I. B. Horner）翻譯，《律典》（*The Book of the Discipline*），5:206。

譯註

① 那時佛陀住王舍城竹林迦蘭陀迦園，尚未為諸比丘制立坐臥處。比丘們於是住在

阿蘭若、樹下、山中、洞窟、塚間、山林、露地等處。後王舍城有長者見到比丘晨從阿蘭若……出外乞食，威儀具足，心因而明淨，所以向佛陀請求准予建造精舍。佛陀告諸比丘曰：「諸比丘！許五種房舍：精舍、平蓋屋、殿樓、樓房、地窟也。」長者便於一日令建六十座精舍。

② 夜叉(yakka)：半人半神的鬼類。

③ 法眼（dhamma-cakkhu）：是指「有關法（緣起道理）的智慧之眼」，開啟法眼即指能充分理解四諦或緣起法，而證悟得初果（須陀洹）。

④ 不壞淨信：指作為入流者的四項必要條件，即「四不壞淨」——佛不壞淨、法不壞淨、僧不壞淨、戒不壞淨。也就是正確地認識並信仰佛、法、僧三寶，無條件地皈依，並完全、確實地具備聖者所愛的戒。

第二章

富有的施主

寺院建成後，給孤獨全力支持僧伽住眾，提供他們一切生活
必需品。每天早上都送去米粥，每天晚上則補充所需的衣、
缽與醫藥，而祇園精舍的一切修繕都是由他的僕人負責。此
外，數百位比丘每天都到他七層華廈的家中，接受午前供
養。每天用餐時刻，他家都充滿橙黃僧袍與聖者氣息。

虔誠施食，皆成美食

當波斯匿王得知給孤獨的慷慨時，也想仿效他，因此每天供
應食物給五百位比丘。有一天，當他要去找僧伽談話時，僕
人告訴他比丘們將分得的食物拿去給城中的信徒，信徒們再
回贈給他們。總是提供最好食物的國王感到很困惑，便問佛
陀比丘們為何要這麼做。

佛陀向國王解釋，宮裡的人在分發食物時只是遵命辦理，就
如在清理穀倉或對待竊賊般，內心沒有任何感覺。他們缺乏
信心，因此並不敬愛比丘，許多人甚至認為僧伽是社會勞動

階層的寄生蟲。如果分發者存有這種心態，即使是最美味的食物，在接受時，也沒有人會感到舒服。

相反地，城中的虔誠長者，如給孤獨與毗舍佉，則歡迎僧伽，視他們為善友，能為眾生帶來福祉與利益。由朋友提供的簡陋伙食，比存心不正者提供的美食更有價值。佛陀為國王補充了一個易持的偈頌：

味道差或好，
數量少或多，
出自友愛手，
它皆成美食。　(Jāt. 346)

夜叉阻撓布施

給孤獨與毗舍佉不只是舍衛國中的「第一施主」(Jāt. 337, 346, 465)，他們也經常受佛陀請託，幫助安排處理和在家眾有關的事務。然而，給孤獨的財富並非取用不盡的。

有一天，價值一千八百萬金幣的寶藏被突如其來的洪水沖走，流入大海中。此外，他借了同樣數額的錢給做生意的朋友們，他們都未還錢，而他也不願催討。由於他的財富是一千八百萬的五倍，而花在建寺的錢就已經佔了其中的五分之

三，財富都已用盡，百萬富翁的給孤獨於是變成了窮人。然而即使經濟困窘，他仍繼續提供食物給僧伽，雖然它只是稀薄的米粥而已。

那時，有個夜叉住在給孤獨七層華廈的大門上。每次佛陀或聖弟子進入房子，這個夜叉都得依循他族類的律法，從所住的地方下來禮敬他們。此事對他來說很不方便，因此他試圖阻止僧伽靠近。

夜叉出現在一個僕人面前，勸他停止施食，但僕人並不理會。於是夜叉試圖讓這家少主人抵制僧伽，但也失敗。最後，夜叉以神通力出現在給孤獨本人面前，試圖以他目前已如此貧窮為理由，勸他精打細算，停止布施食物。這個大施主回答，他只知道三種寶藏：佛、法與僧。他說他只在意這三寶，並請夜叉離開他家，因為這個家容不下佛陀的敵人。

因此夜叉再次依循他族類的律法，必須放棄那地方。他去找舍衛城的守護神，請祂安排一個新住處。這天神將他轉交給更高的四大天王①，祂們負責統理最低層的天界。但四大天王也覺得無權決定，因此又將這個無家可歸的夜叉專交給帝釋天王②。

此時，夜叉已知自己所犯的錯誤，並請求帝釋原諒他的行為。帝釋罰他幫助給孤獨恢復財富。首先，夜叉必須取回沈入水中的金子；然後取得無主的掩埋寶藏；最後必須勸給孤

獨的債務人還錢。費了好一番工夫，夜叉總算不辱使命。他對於第三項的做法是，出現在債務人的夢中，要求他們還債。不久之後，給孤獨再度擁有五千四百萬，並能像以前一樣慷慨布施。

然後，夜叉出現在佛陀面前，請求原諒他惡意的行為。他獲得原諒，並在佛陀向他解釋法義後，成為佛弟子。佛陀進一步教導他，世上沒有任何事能阻止一個努力圓滿布施的人，包括夜叉、天神、魔羅，甚至死亡的威脅(Jāt. 140, 340)。

嫉妒的婆羅門欲偷福神

在給孤獨恢復所有的財富後，有個婆羅門嫉妒他的好運，決定偷走他心目中的福神。他想要劫持幸運女神尸利(Sirī)的化身，以為這樣幸運就會離開給孤獨，而聽命於他。這個奇怪的想法是建立在所謂「命運天賜」的觀念上，它認為前世善業的果報，是由住在受惠者家中的天神所支配，是天神將福氣帶給祂們的主人。

婆羅門因此去給孤獨家四處尋找幸運女神的蹤跡。和許多當時的印度人一樣，他具有天眼，看見幸運之神就住在一隻被關在大廈金籠子裡的白雞身上。他請求戶主將雞送給他，好讓牠在早上叫醒他的學生。慷慨的給孤獨毫不猶豫便答應他

的要求。然而,就在那一刻,幸運之神轉進一粒寶石中。這個婆羅門又要求這樣東西作為禮物,也獲得它。

但之後這個夜叉又躲入一根自衛用的棍棒中,在婆羅門成功求得此物以後,尸利的化身便棲身於給孤獨妻子富那羅伽那(Puññalakkhaṇā,意譯「福相」)的頭上,她真的是這家福善的精神象徵,因而得到諸神的保護。當婆羅門看見這情景時,不禁為之卻步:「我總不能向他要求他的妻子!」於是他懺悔自己的惡念,退回禮物,非常羞愧地離開。

給孤獨告訴佛陀這個奇特的遭遇,這件事讓他相當不解。佛陀向他解釋其間的關係——世間如何透過善行而改變,以及對於那些因為持戒而具有正智者,如何能獲得一切事物,包括涅槃在內(Jāt. 284)。

在祇園的入口處種菩提樹

每次佛陀在舍衛國停留,給孤獨都會去拜訪他。然而,其他時候他則覺得失去依怙,好像少了可供禮敬的具體對象。因此,有一天他告訴阿難,他希望建一個聖壇。

當阿難向佛陀報告此事時,佛陀說聖壇有三種:色身、紀念物與具象徵性的事物。第一種是色身遺骨,它在佛陀般涅槃後被置於塔中;第二種是和佛陀有關,與他使用過的物體,

例如乞食的缽；第三種是可見的象徵。在這三種可供禮敬的
對象中，第一種還不可行，因為世尊還活著；對於那些無法
單靠畫像或象徵就滿足的人來說，第三種也不適合。剩下來
的就只有第二種。

位於優樓頻螺村（Uruvelā，又稱「菩提伽耶」、「菩提道場」）
的菩提樹，是紀念世尊最好的物體。佛陀在菩提樹下找到通
往涅槃之門，並在覺悟後的第一週中受到它的庇護。於是眾
人決定在舍衛國種植一株這種小樹，大目犍連從原樹帶來分
株，在朝廷與最傑出僧、俗二眾的見證下，將它種在祇園的
入口處。

阿難將小樹呈給國王，以便展開植樹典禮。但波斯匿王謙虛
地回答，他這一生只不過是像個公僕而已，遠不如和佛法有
密切關係的人適合，只有那樣的人才能賦予此樹神聖的意
義。因此，他將樹種交給站在身邊的給孤獨。

這棵樹日漸長大，成為所有虔誠信眾的禮敬對象。在阿難的
請求下，佛陀花了一晚坐在樹下，目的是加持它，賦予它更
特別的意義。給孤獨經常來這棵樹下，憶念它與他在那裡得
到的心靈提升，以專注修習佛隨念③(Jāt. 479)。

譯註

① 四大天王：是欲界善趣地六欲天中第一重天的天神，他們各護須彌山四方的東勝

神洲（持國天王）、南瞻部洲（增長天王）、西牛賀洲（廣目天王）、北俱盧洲（多聞天王），故四大天王又稱「護世四天王」。

② 帝釋天王：是欲界善趣地六欲天中，第二重天──三十三天的大王，住在該界首府「善見」裡的最勝殿。

③ 佛隨念：即行者憶念佛陀的十項功德：「彼世尊意即是阿羅漢、等正覺者、明行具足者、善逝、世間解、無上士、調御丈夫、天人師、佛、世尊。」修習此法，能令行者常不放逸，心向佛地。詳見《清淨道論》第七〈說六隨念品〉。

第三章

給孤獨的家庭

慈善的妻子

給孤獨的婚姻很幸福。他的妻子富那羅伽那,人如其名,意思就是「福相」,作為這家慈善的精神象徵,她照顧僕人與日中前來的僧伽。她和她的兄弟一樣都信奉佛法,他是佛陀的第一位在家弟子。

依賴別人的么女

給孤獨有四個小孩,包括三個女兒與一個兒子。兩個女兒,大須跋陀(Subhaddā)與小須跋陀,和父親一樣信佛並達到入流果。她們不只處理父親的宗教事務,也處理世俗的事務,兩人的婚姻都很幸福。

而最小的女兒須摩那(Sumanā),是家中最有智慧的一個。她聆聽佛陀開示,很快地就證得第二聖果,成為一來者。她一直未婚,但並非因為放棄婚姻。事實上,當她看見兩個姊姊

婚姻都很幸福時，就變得悲傷與寂寞，她的心靈力量不足以克服沮喪。

她日漸消瘦，絕食，最後餓死，她的親人為此而深切憂傷。她轉生到欲界中最高天之一的兜率天①。她必須在此淨化所殘留依賴別人的習氣——她最後向外投射的欲望。❶

全心投入於生意的獨子

給孤獨的獨子迦羅(Kāla)，意思是「黑暗」，一開始是家中的麻煩人物。他絲毫不想學習佛法，而完全投入生意業務。有一天，父親勸他持齋戒一日，若能遵守布薩，就給他一千個金幣。迦羅答應了，他很快地就發現一天不做生意，去享受和家人相聚的時光很輕鬆，對他來說，布薩的齋戒規定就不再那麼沈重了。

之後，父親再度要求他去寺院，在佛陀面前用心學習一首法偈，就再給他一千個金幣。迦羅高興地答應，這成了他這一生的轉捩點。每次迦羅學習一首偈頌時，佛陀都會故意令他誤解，如此一來他就得聚精會神地重複聆聽。

一旦通達義理時，他當下立即見道，達到入流果。因此他一如父親，生活愈來愈清淨，也成為僧團的重要護持者，被稱為「小給孤獨」。❷

驕傲無禮的媳婦

迦羅娶善生（Sujātā，舊譯為「玉耶」）為妻，她是著名在家信徒毗舍佉的妹妹。善生因為自己的家世與雙方財富而非常驕傲，她的心只專注在這些瑣事上，因此覺得空虛、不滿與乖張，於是將苦悶發洩在別人身上。她對待所有人都很嚴厲，不只會打僕人，還到處製造恐怖氣氛，甚至不遵守對待公婆與丈夫應有的禮儀，那在印度社會非常重要。

有一天，佛陀在她們家接受供養後正在開示，從另一個房間傳來喧譁聲。大師暫停談話，問給孤獨騷動的原因，那聲音聽起來就像漁夫們在吆喝。長者回答那是媳婦在責罵僕人，他說她是個潑婦，既不尊敬丈夫與公婆，也不布施食物，沒有信仰與信心，一直在製造事端。

然後發生一件不尋常的事——佛陀要求將她召來。當她出現在他面前時，他問她想要成為七種妻子中的哪一種。她回答不知這是什麼意思，並請他說明。因此，佛陀以偈頌描述這七種妻子：

心腸冷酷懷瞋恨，

私通外人鄙己夫；

尋求謀害娶她者——

此妻是名「奪命婦」。

當丈夫獲得財富，
由手藝、貿易、農務，
她試圖爲己揩油——
如此妻子名「賊婦」。

好吃懶做混日子，
言語不遜且粗魯，
女人欺侮己丈夫——
此妻是名「暴君婦」。

若常助人且仁慈，
如母對子護己夫，
審慎守衛夫財產——
如此妻子名「母婦」。

如妹對待己兄長，
恭敬侍奉其丈夫，
謙虛順從夫意願——
如此妻子名「妹婦」。

愉悦見彼丈夫面，
如朋友間喜相逢，
高雅、正直與虔誠——
如此妻子名「友婦」。

無瞋且怕受責罰，
對己丈夫全無怨，
謙虛順從夫意願——
如此妻子名「婢婦」。

名爲奪命與賊婦，
以及如暴君之妻，
此等妻子命終後，
將會墮入深地獄。

名爲母、妹與友婦，
以及如婢女之妻，
穩定持戒常自律，
命終則會升天界。　(AN 7:59)

然後世尊語重心長地問她：「善生！這些就是男人可能擁有

的七種妻子，妳是其中哪一種呢？」

善生深受感動，她回答從今以後會努力作丈夫的侍女。佛陀的話已為她指出作個好妻子的方法。之後，她成為佛陀的忠實弟子，非常感謝佛陀救她出離苦海。

善生轉變的消息很快地就流傳開來。有一天，當佛陀進入講堂時，他問僧眾在討論什麼事，他們回答正在說關於「法的奇蹟」，佛陀善巧示現，讓「母老虎」善生轉變為善解人意的妻子。於是佛陀告訴他們，他在前世就已調伏過她一次。那時，她是他的母親，他透過令人討厭的烏鴉與悅耳動聽的畫眉鳥為比喻，阻止她責罵與欺負別人(Jāt. 269)。

貪得無厭的侄兒

最後，經中提到給孤獨的侄兒。他繼承了四千萬的遺產，卻過著放蕩不羈的生活，喝酒、賭博樣樣來，將錢花在玩樂、女人與壞朋友上。當他花盡所繼承的財產後，便來請他富有的叔叔幫忙。

給孤獨給他一千個金幣，告訴他應該用這筆錢去做生意。但他再次將錢花光，且又出現在叔叔家。這次給孤獨給他五千個金幣，沒有提任何條件，而是與他斷絕關係。雖然給孤獨已對他發出最後通牒，這侄子仍不改浪費的習性。

第三次，他再來向叔叔討錢，給孤獨給這年輕人兩件衣服，但他又揮霍掉，並忝不知恥地第四度來找叔叔，然而這次他遭到拒絕。如果他是以普通乞丐而非侄兒的身分來要錢，他當然不會空手離開。但他不是這麼做，因為他要的不是食物，而是能供揮霍的金錢。

因為他太懶惰，不願自食其力，又不願乞討，因此下場淒慘。他的屍體在城牆上被發現，並被丟入垃圾堆中。當給孤獨聽見此事時，他自問是否能防止這個悲劇發生。

他告訴佛陀這個故事，並問是否他應該有不同的做法。然而佛陀解除了他的疑慮，解釋那個侄兒是屬於少數幸運卻貪得無厭者，他們就如無底洞一般。他會死得如此淒慘，是因為自己鹵莽的行為，那在他的前世中就已發生過了(Jāt. 291)。

原註

❶ 《法句經註》（針對第18頌）：BL, 1:242-244。這個出處並沒有解釋她為何未婚。因為在這個時期的中印度，婚姻通常是由雙親安排，對這個女兒來說，結婚應該不成問題。

❷ 《法句經註》（針對第178頌）：BL, 3:28-30。

譯註

① 兜率天：意譯「喜足天」或「喜樂天」，與夜摩天合稱為「兜夜」，是欲界六天的第四重天。此天有內、外兩院，兜率內院是即將成佛者（即補處菩薩）的居處，今則為彌勒菩薩的淨土；外院屬欲界天，為天眾的居所，享受欲樂。

第四章

給孤獨與他的朋友們

由於給孤獨已達到入流果,因此他堅定地持戒與淨化心靈,並致力於提升他周遭的人。

他清淨地生活在和他心境類似的人群當中,不只最親近的家人,連雇員與僕人們也都努力行布施、持五戒,以及遵守布薩日的規定(Jāt. 382),他家因而成為仁慈與善念的中心。這樣的態度也擴及到他的環境、朋友和夥伴,他並未將自己的觀念強加在他們身上,也未逃避日常生活中的問題。經典中記載了他生活中的一些細節。

持守不飲酒戒,避免遭搶

有一次,一群舍衛城的酒鬼們花光了錢,討論如何才能喝到更多美酒。其中一人想到迷昏富有的給孤獨,然後趁他不省人事時搶劫他。

他們知道他總是走一條固定的路線去找國王,因此在途中設置了一個酒鋪。當給孤獨前來時,便邀請他一起喝酒。但他

自忖：「佛陀的虔誠信徒怎麼能喝酒呢？」因此拒絕邀請，繼續前往王宮。

然而，這群邪惡的酒鬼們試圖在回程時再次誘惑他。這次他當面戳破他們的詭計，說他們連自己釀的酒都不喝，那杯酒還是和上回一樣原封不動，他們是否計劃迷昏他，然後再搶劫呢？眼見詭計被揭穿，他們趕緊落荒而逃(Jāt. 53)。

給孤獨知道如何區分自己的不飲酒戒與別人的行為。例如，他有個朋友貪好醇酒，但給孤獨仍和他維持友誼。有一次，這個嗜酒者因某個夥計的疏忽，而蒙受商業上的重大損失。給孤獨完全感同身受，並像對待其他落難的朋友般，無差別地對待他。他自己豎立了一個好榜樣，但不會將自己的方式強加在別人身上，或因別人的缺失而指責他們(Jāt. 47)。

與「不幸鳥」的友誼

有一次，當給孤獨身處盜匪出沒的地區時，他寧可累一點連夜趕路，也不願冒著被攻擊的危險留在那裡(Jāt. 103)。他完全信守佛陀的忠告，寧可選擇逃跑來避開危險，也不逞匹夫之勇(見MN 2)。

給孤獨還透過其他方式避免被搶。他有個朋友的名字有點晦氣，名為迦羅伽尼(Kālakaṇṇī)，意思是「不幸鳥」，他們從小

就是朋友。當這朋友需要錢時，給孤獨大方地幫助他，並安排他到自己家中工作。他的其他朋友們為此批評他——這傢伙有個不吉利的名字，且又來自較低的階級。但給孤獨不以為然：「名字算什麼？智者不在意迷信之事。」

當給孤獨出外經商旅行時，便委託這朋友代理家務。有些盜賊聽說他不在，計劃闖空門。當他們包圍房子時，機警的「不幸鳥」敲鑼打鼓製造噪音，聽起來就如正在進行慶典一般。這使得盜賊誤以為屋主並未離開，因而拋下手上的器械匆匆離開。當給孤獨聽聞此事時，他對朋友們說：「瞧！那個『不幸鳥』幫了我一個大忙，如果我聽你們的話，我現在已經被搶了。」（Jāt. 83, 121）

度化外道友人學佛

給孤獨多數的朋友都是篤信宗教者，但其中有些人信仰當時印度的六師外道①。有一天，給孤獨建議一大群朋友去聽佛陀說法。他們高興地前往，並受佛陀開示的激勵，宣誓成為佛弟子。從那時起，他們就經常訪問寺院，布施、持戒，並遵守布薩日的規定。但當佛陀離開舍衛國時，他們就捨棄佛法，再次跟隨過去常接觸的其他沙門②。

幾個月後，當佛陀回來舍衛國時，給孤獨再次帶朋友們來看

他。這次佛陀不只開示法的義理層面，也警告這些見異思遷者，在這世上沒有比佛、法、僧三寶更好，或更能全面對治痛苦的皈依對象。這個機會在世上非常難得，任何錯失它者都將非常遺憾。而那些真誠皈依三寶者，則將遠離地獄道，並會達到三種善趣：轉生上善人間、天界或涅槃。

佛陀請這些商人好好考慮自己的優先選項，認清信仰三寶並非可有可無的樂趣，在環境不方便時，便能若無其事地拋開它。他對他們說，輕易轉向的錯誤皈依是無益的，那無法提供真實的救護，只能達到表面症狀的緩解而已。

當他們的心能接受佛陀的說法時，他轉而對他們解釋諸佛的不共法——苦、集、滅、道等四聖諦。當開示結束時，他們都達到入流果。給孤獨的成就也成為朋友們之福(Jāt. 1)。

譯註

① 六師外道：是指佛世時活躍於印度的異端思想家。他們是：（一）富蘭那‧迦葉：主張「道德否定論」，認為人所有的善、惡行為，皆不受果報。（二）末伽梨‧瞿舍梨子：主張「宿命論」，認為人人都受命運所支配，經過八百四十萬大劫後，自然能獲得解脫。（三）阿耆多‧翅舍欽婆羅：主張「唯物論」，認為人是由四種元素所構成，死後一切皆不存在。（四）婆浮陀‧迦旃那：主張「七元素說」，認為人是由七種元素所構成，傾向於唯物論，否定道德。（五）珊闍耶‧毗羅荼子：主張「懷疑論」，對任何形而上學的問題，從不作明確的回答。（六）尼乾陀‧若提子：是耆那教的教主，主張嚴格的苦行，以消滅過去的業，淨化靈魂。

② 沙門(samaṇa)：意譯為「淨志」、「勤息」，是出家者的總稱，通於內、外二道。

第五章

世尊的開示

在佛陀一生說法的四十五個雨季中，有十九個是在舍衛國的
祇樹給孤獨園度過，每次雨季他都會待在那裡三至四個月。
給孤獨長者通常一天會去拜訪他兩次，時常只是去看他，但
往往會聽到開示。

給孤獨成為在家佛教徒的施主

給孤獨很少問世尊問題，身為僧團最慷慨的施主，他並不想
給人一種印象，認為他這麼做，只是為了博得佛陀對其個人
的建議。他的布施是真心的，並不求回報──布施本身的喜
悅，就已是他最好的回報。他認為佛陀與僧眾，不會將指導
視為對施主的一種義務或補償，他將這「法」的分享，看成
是他們慈心與悲心的自然表現。

因此，當他來看佛陀時，總是安靜地坐在一旁，等著世尊是
否會給予任何指導。如果佛陀未說什麼，他有時會提起生活
中的一段插曲，其中有些之前都已說過了。他會等著看世尊

是否會作任何評論，讚許或批評他的行為，或是否會以這件事為開示的契機。他以這方式，將日常生活中的經驗與佛法作結合。

佛陀對給孤獨的指導，許多都被記載在巴利藏經中。這些教導形成在家佛教徒廣泛的道德準則，且透過給孤獨，而引發佛陀說出它們，也使給孤獨成為無數世代有心遵循佛法的在家佛教徒的施主。

佛陀對在家人的建議

在《增支部》中的這些開示，包含了最簡單到最深奧的法音。❶在此會提到一些，從對在家人建議的簡單語句開始：

在家修行之道

> 長者！聖弟子擁有四法，謂之進入在家之道——一條能得稱譽，能生天界之道。哪四法呢？
> 長者！聖弟子提供衣服、飲食、住處與生病用的醫藥，以服侍僧團。此即四法。(AN 4:60)

在家眾可獲得的四種樂

長者！受欲在家眾可以獲得四種樂：擁有之樂、受用之樂、無債之樂與無過之樂。

什麼是擁有之樂？人們透過勤奮工作，憑藉自己的雙手，辛苦流汗，以正當方式獲得的財富。而作思惟：「我的財富是透過勤奮工作……正當取得的。」此時他的心裡便會生起幸福與滿足的感覺。長者！此即名爲擁有之樂。

什麼是受用之樂？人們利用勤奮工作所獲得的財富……享用他的財富並做善事。而作思惟：「利用所獲得的財富……我享用財富並做善事。」此時他的心裡便會生起幸福與滿足的感覺。長者！此即名爲受用之樂。

什麼是無債之樂？人們不欠任何人債務，無論多或少。而作思惟：「我不欠任何人債務，無論多或少。」此時他的心裡便會生起幸福與滿足的感覺。長者！此即名爲無債之樂。

什麼是無過之樂？聖弟子慶幸身業無過、口業無過，以及意業無過。而作思惟：「我慶幸身、語、意業無過。」此時他的心裡便會生起幸福與滿足的感覺。長者！此即名爲無過之樂。

長者！這些就是受欲在家眾所獲得的四種樂。(AN 4:62)

居士可欲的五種事物

長者！有五種可欲、可愛與可意的事物，是世間稀有的。
哪五種呢？

它們是長壽、美麗、快樂、名聲與升天。長者！但這五種
事，我不說它們可以由祈禱或誓願獲得。如果人們可以由
祈禱或誓願獲得它們，誰不會想這麼做呢？

長者！對於聖弟子而言，想要擁有長壽者，並不適合祈求
長壽或隨喜此事。他應該做的是遵循能導致長壽的生活之
道，藉由遵循這樣的道路，他會獲得長壽，無論在天界或
人間。

長者！對於聖弟子而言，想要擁有美麗、快樂、名聲與升
天者，並不適合祈求它們或隨喜此事。他應該做的是遵循
能導致美麗、快樂、名聲與升天的生活之道，藉由遵循這
樣的道路，他會獲得美麗、快樂、名聲與升天。(AN 5:43)

聖弟子致富的五種原因

長者！致富有五種原因。哪五種？

……聖弟子致富，透過勤奮工作，憑藉自己的雙手，辛苦
流汗，以正當的方式，讓他自己快樂、愉悅，並保持那種

快樂。他讓父母快樂、愉悅，並讓他們保持如此，且同樣地對待妻子、孩子與僕人。

……當如此致富時，他讓朋友與同伴們快樂、愉悅，並保持他們如此。

……當如此致富時，能避開厄運……，並確保他的商品安全。

……當如此致富時，他能向親戚、客人、先亡親族、國王與天神等五者獻供。

……當如此致富時，聖弟子以崇高目標、天神、有樂的異熟、升天爲施物，以及對斷除我慢與放逸，對一切事物皆能安住於忍辱、柔和，使自己調柔、寂靜、安泰的沙門、婆羅門，設立供養。

如果聖弟子注意這五種原因，當他的財富減少時，願他如此思惟：「雖然我的財富減少了，但至少我已注意那些致富的原因！」如此一來，他不會沮喪。而如果他的財富增加，願他如此思惟：「眞的，我已注意那些原因，且我的財富增加了！」因此，他在兩種情況下都不會沮喪。(AN 5:41)

居士可欲的四種情況

佛陀在另一個場合，以略微不同的形式進一步強調上述開示的重要。那一次，佛陀對他說：

長者！應知有四種情況是可欲、可愛、可喜與世間難得的。哪四種？「願我以正當方式獲得財富！」「由正當方式獲得的財富，願我的親屬與老師們也能同享！」「願我長壽延年！」「當我死後身軀毀壞時，願我達到天界！」

善男子！要達到這四種情況，有四個條件。哪四個？信圓滿、戒圓滿、施圓滿與慧圓滿。(AN 4：61)

佛陀解釋：只有在人們充分認識世尊與他關於存在本質的法音時，才可能獲得正信。只有在完成道德生活的基本五戒時，才可能達到正戒。只有在克服貪婪的缺點時，才可能擁有布施。只有在人們了解心被五蓋——貪欲、瞋恚、昏眠、掉悔與疑——障蔽，便會去做不該做的事與不做該做的事時，他才可能達到智慧。作惡與漠視善念的人，將失去他的名聲與好運。相反地，經常探究與觀察內在的衝動與動機者，則將克服五蓋。

因此，他們的勝利是智慧的結果。如果聖弟子經由信、戒、施與慧，而順利獲得四種可欲之事——財富、名聲、長壽與升天，則他能使用他的錢完成四種善行。他讓自己、家人與朋友們快樂；他避免災禍；他執行五種上述的義務；支持真實的沙門與婆羅門。

如果人們將財富運用在這四種方式之外，則那些金錢就不會

達到它們的目的，且會被無謂地揮霍掉。但如果人們的財富減少了，是因為將它們花在這四種目的上，則他便是將它用在有意義的方式上。

正確地獲得、享用財富的方式

還有一次，佛陀解釋在家弟子正確和錯誤行為的不同。在此經中(AN 10:91)他說：

> 最愚蠢的人，是以欺騙方式取得財物的人，他不只自己無法享用它們，也無法用它們來利益別人。稍微理智一點的人，至少會用這筆不義之財，來讓自己快樂與高興。更理智一點的人，則會用它們來讓別人快樂。

即使在這些最低層次的不義之財上，一般人只會忿怒與不加區別地譴責它，但是佛陀卻能在人們的行為與態度上，看出微細的差別。他能分辨出獲得財富的基本目的者，至少能使自己獲得一些慰藉，能看出他如何透過誠實的收入，而獲得更多的利益。透過將快樂帶給別人，而產生更大快樂的人，也輕易就能了解，他顯然不曾帶給過去被他欺騙與掠奪的人任何欣喜。然而，如果他以誠實的方式賺錢，就不會傷害任何人。

第二群人是以部分欺騙、部分誠實的方式工作賺錢。在這些人當中，也有無法對自己與別人帶來欣喜者；至少能享用他們的財富者；以及那些又能令別人高興者。

最後第三群人，是那些完全以誠實方式營生者，他們也可分成三種。但在這最後一種情況中，又可細分成兩類，第一類是那些強烈貪著自己財富者，他們沈迷於它，不知道它的潛在危險，且不尋求出離之道。第二類是那些不貪著自己的財富與不沈迷於它者，他們知道它的潛在危險，且知道它的出離之道。因此，和財富有關之享受世間歡樂者共有十種人。❷

布施的種類與修行的次第

有一次，佛陀問給孤獨家中是否有施食。根據註釋書所說，這是指施食給窮人，因為佛陀知道在給孤獨家中，食物被大方地布施給僧伽。由此引發一段談話，內容是關於布施品質優劣之別。佛陀解釋：

> 無論人們布施粗糙或精緻的食物，如果布施無有敬意與謙虛，不是親手去做，只布施剩飯，且無任何業報信仰，那麼無論因為這布施而投生何處，他的心都不會欣喜精美的食物、衣服、車乘與五欲境。他的小孩、妻子、僕人與勞

工都不會服從他，或聽他的話，或重視他。爲何會如此？因爲這是無有敬意行爲的結果。

接著，佛陀說自己在前世中，身爲富有的婆羅門毘羅摩(Velāma)，他如何廣施食物，但接受者當中，卻無人值得供養。布施許多不值得布施的人，遠不如供養一位從入流到阿羅漢的聖弟子；更有福報的是，布施一位辟支佛或一百位辟支佛；甚至更好的是，布施佛陀或建造寺院。然而，比這更好的是，皈依佛、法、僧三寶；猶有甚者是，持守五戒；再更好的是，僅只片刻吸納慈心無所不在的芬芳。然而最好的是，僅只一彈指間修習無常觀(AN 9:20)。

這個說法顯示出修行的次第：布施；持戒；修無量慈；以及最後證悟諸行無常。若未努力布施、持戒與修無量慈，就不可能內觀無常，因爲在這個修行所需要的平靜與沈默中，良心的譴責與其他黑暗的思想可能會生起。

這個關於布施種類的說明，令人想起另一個簡短的開示。那是唯一一次給孤獨自己提出的問題，即「怎樣才值得接受供養？」佛陀回答：有兩種人值得接受供養：那些正邁向解脫者，以及已獲得解脫者(AN 2:27)。

在上述談話中，已多少有強調心的淨化，在其他場合中，這主題則被直接地探討。例如有次佛陀對給孤獨說：

如果心不清淨，則一切身、語、意行都將被污染。這種人會被它的情緒帶著走，且會痛苦地死亡，就如濫建的房舍的山牆、椽與牆壁沒有保護作用般，浸到雨水就會腐爛。(AN 3:107-108)

在家眾應努力安住於禪定之喜

另一次，給孤獨和數百位在家信徒去見大師，他對他們說：

你們在家眾應確定提供僧團衣服、食物、住處與醫藥，但不應以此自滿，願你們時常努力進入、安住於出離的禪定之喜中。❸

在這些話之後，舍利弗尊者補充如下：

當聖弟子安住於出離的禪定之喜中時，在他身上不存在五種事：沒有和感官有關的痛苦與悲傷；沒有和感官有關的快樂與高興；沒有和不善有關的痛苦與悲傷；沒有和不善有關的快樂與高興；沒有和善有關的痛苦與悲傷。(AN 5:176)❹

具四不壞淨，證得入流果

還有一次，當給孤獨和許多在家信徒又去拜訪佛陀時，世尊對舍利弗說：

> 諸在家白衣善護持五戒及獲得四增上心，現法樂住，如實樂欲則得，得而不艱難，得而不梗澀。這樣的居士，如果他希望，便可自行宣稱：「我已斷除地獄、畜生、餓鬼等惡道、苦趣與下界；我已得預流果，不再落入惡道，定趨正覺。」
> 持守哪五戒呢？聖弟子戒殺、戒不予取、戒邪淫、戒妄語與戒飲酒。
> 他現法樂住，如實樂欲則得，得而不艱難，得而不梗澀的四增上心為何？對佛具有不壞淨信，對法具有不壞淨信，對僧具有不壞淨信，聖戒成就；此戒不缺不穿，無穢無濁，住如地不虛妄，聖所稱譽，有益禪定。此即現法樂住的四增上心。若有惡欲即便得滅，心中有穢污亦復得滅，此即如實樂欲則得，得而不艱難，得而不梗澀。(AN 5:179)

另一次，世尊以不同方式向給孤獨解釋入流果，這次是單獨

對他說法。佛陀說：

> 當聖弟子五種恐怖惡業已經消失，當他成就四預流支，並
> 於聖道如實知見時，則可視自己為入流者。殺生、偷盜、
> 邪淫、妄語與飲酒者，於此世與未來造作五種恐怖惡業，
> 心中常感悲苦。遠離這五種惡行，則五種恐怖惡業將消
> 失。其次，他成就預流支：佛不壞淨、法不壞淨、僧不壞
> 淨與聖戒成就。第三，他如實知見聖道，即緣起。(AN
> 10:92) ❺

一切生起的事物皆無常

一天早晨，給孤獨想去拜訪佛陀，但因為時間還早，便去一
些遊方沙門的道場。由於他們知道他是佛陀的弟子，便問他
喬達摩沙門所持見解為何，他回答不知道世尊所有的見解；
當問他僧伽所持見解為何時，他再次回答不知道他們所有的
見解。

因此，他們問他自己的見解為何？他回答：「諸位尊者！我
不難解釋自己的見解，但我想請諸位尊者先說出你們的見
解。在此之後，我將不難解釋我所持的見解。」

沙門們解釋他們的世界觀。有人認為它是永恆的，有人則認

為並非永恆的；有人認為它是有限的，有人則認為是無限的；有人相信身與命是一體的，有人則相信它們是不同的；有人相信佛陀死後依然存在，有人說他們不復存在。

然後給孤獨說：「你們所持的這些見解，不外乎兩種來源，若非來自於自己不智的想像，就是來自於別人的話語。兩種情況的見解都是依緣而生起，然而緣起的事物是無常的，而無常事物的本質終歸於苦。因此，持有這些見解者都執著於苦，受制於苦。」

於是這些沙門想知道給孤獨所持的見解為何。他回答：「一切生起的事物都是無常的，無常的本質是苦；但苦並不屬於我，它是無我，亦無我所。」

他們反駁說，給孤獨也執著於他剛才表達的見解。「並非如此，」他回答，「因為我如實覺知這些事物，此外，我知道心無所著，方為實相」——換言之，他只將這些見解視為方法，在適當的時候也會拋開它。因此這些沙門啞口無言，知道自己已經輸了。

給孤獨平靜地去找世尊，向他報告這段對話，得到佛陀的讚許：「長者！你是對的，你應該更常引導那些迷者趨入實相，以光大正法。」然後大師愉快地說了一段開示鼓勵他。

給孤獨離開之後，世尊對僧眾說，即使在僧團中生活了一百年的比丘，對那些沙門的回答也無法比給孤獨長者所作的更

好。(AN 10:93)

殊勝法藥，治癒疾病

最後，可以說說另外兩件事：給孤獨病了，想請比丘去看他，以便得到慰藉。因為給孤獨是僧團的大施主，他的請求很快便得到回應。第一次，阿難尊者來看他，第二次則是舍利弗。

阿難說，沒有修行的心，因為缺乏四法而害怕死亡與來世：他不信佛、法與僧，且不持聖戒。但給孤獨回答，他並不怕死；他對佛、法、僧、戒具有不壞淨信，他不曾違犯任何在家戒。於是阿難稱讚他，說他剛才已自行記說入流果。(SN 55:27)

當舍利弗尊者來探問時，他告訴給孤獨，他不像臨近地獄的未修行凡夫，他對三寶具有淨信，且成就聖戒。如果他現在深切專注於對佛、法、僧、戒的淨信，則經由這個禪法，他的疾病就可能會消失。不像那些未修行者，他不具有邪見、邪思惟、邪語、邪業、邪命、邪精進、邪念、邪定、邪智與邪解脫。如果他思惟這個事實，身為入流者，擁有十聖法①，往正解脫的方向前進，則經由這個禪法，疾病就可能會消失。

透過這個禪觀的力量，給孤獨回想起他成為聖弟子的大福，藉由這個殊勝法藥的力量，疾病很快就消失了。他起身，和舍利弗尊者分享為他所準備的食物，並繼續和他進一步討論。最後舍利弗教他三首易持的偈頌：

於如來具信，
不壞與安住，
持淨戒善行，
親近諸賢聖。

深信著僧伽，
與正直見解，
此人不貧乏，
生命不虛過。

因此具智者，
憶念佛教法，
堅持信與戒，
與佛法正見。　(SN 55:26)

以上簡單介紹了佛陀對給孤獨的十八次開示。其中十四次是

世尊未問自說；一次是當給孤獨提出問題時所說；另一次他報告他如何教導他人；還有兩次是由阿難與舍利弗來指導他。這十八次開示顯示出佛陀如何對在家眾闡明教法，並鼓勵他們喜悅精進。

原註

❶ 見《增支部選集》(*Aṇguttara Nikāya: An Athology*)，由向智長老翻譯。

❷ 同樣的分析也出現在SN 42:12中，是對聚落主羅西亞(Rāsiya)所說。

❸ Pītyiṃ pavivekaṃ。喜(Pīti)出現於初禪與第二禪中。（譯按：「喜」是喜歡或對所緣有興趣，進入初禪之時，會有遍滿全身的喜生起，喜禪支可以對治五蓋中的瞋恚蓋。）

❹ 「和感官有關」，是指六根與六境。最後三項中，第一項是指不善的目標失敗時，生起的痛苦與悲傷；第二項是指不善的目標成功時，生起的痛苦與悲傷；第三項是指善的目標失敗時，生起的痛苦與悲傷。

❺ 同經文亦出現於SN 12:41與SN 55:28。

譯註

① 十聖法：此十法能生聖者，又為聖者所依，故稱「聖處」。即：（一）斷五法：指斷五上分結，得阿羅漢。（二）成六法：指成六妙行。（三）守一法：指繫念而觀身之無常、苦等。（四）依四法：指依四聖種，盡形乞食乃至有病僅服陳棄藥。（五）捨偽諦：指能達實相，斷一切見，證得初果。（六）捨諸求：指捨棄欲求（求欲界法）、有求（求上二界）、梵行求（求學道），得無學果。（七）不濁思惟：指滅欲界中修道之煩惱，得前之三果。（八）離身行：指除欲界之結，獲得四禪。（九）善得心解脫：指得盡智。（十）善得慧解脫：指得無生智。（一）、（二）聖處，是從阿那含得阿羅漢；（三）、（四）、（五）、（六）聖處，是從外凡夫次第增進得阿羅漢；（七）、（八）、（九）、（十）聖處，是從須陀洹果終得阿羅漢。

第六章

給孤獨之死

關於大施主給孤獨之死的事件，記載於《給孤獨教誡經》
(*Anāthapiṇḍikovāda Sutta*, MN 143)中。長者第三度罹患劇痛之
病，日益嚴重，不見起色，他再度請求舍利弗尊者與阿難尊
者協助。

舍利弗的開示

當舍利弗看見他時，他知道給孤獨已瀕臨死亡，並給他如下
指導：

> 長者！不要執著六根，勿於它們生貪欲識。不要執著六
> 境，勿於它們生貪欲識。不要執著六識、六觸、六受、六
> 界、五蘊與四無色界。不要執著任何所看到、聽到、感
> 受、認知、想像與心中觀察的事物，勿於此生貪欲識。

給孤獨必定用心跟隨這個詳細說法，他邊聽邊跟隨睿智聖舍

利弗的指導方式修行。指導結束時，給孤獨熱淚盈眶，阿難慈悲地問他是否不舒服。但給孤獨回答：「阿難尊者！我並沒有不舒服。我已服侍大師與僧伽甚久，但我之前從未曾聽過如此深入的開示。」

然後，舍利弗說：「長者！這種深入的談話並不適合白衣信眾；它只適合出家眾。」

給孤獨回答：「舍利弗尊者！請讓白衣信眾也能聽到這些教法。有些人的見解只受到些微障蔽，如果他們聽不到這種教法，將會迷失；有些人也許可以了解。」

佛陀教導僧俗二眾方法的根本差異

佛陀先前說法的差別很重要。我們在此考量的是終極問題──究竟解脫，不只是理論基礎，而是修行。

給孤獨身為初果弟子，知道五蘊聚合的無常本質，他自己也說過無常、苦與無我的三法印。介於只是聽聞與思惟它們，以及實際修行與將之運用在自己身上，兩者之間有很大的差別。佛陀用來教導在家眾與僧眾方法之間的根本差異，就是建立在這個差別上。

對在家人來說，內觀諸法的本質是「智」的範疇，這教法起初也是對僧眾說的。但許多比丘已更進步，佛陀因此再介紹

於此世就能導致完全解脫的修行。唯有了解舍利弗的解說是逐步趨入涅槃的實修法，我們才能了解為何給孤獨從未聽聞過這種方式的核心說法。

在他瀕死的時刻，他已遠離世俗掛慮，放棄對世間財物與身體的貪著，唯有一心念法，他發現自己的處境和最進步的僧伽相當。在這種情況下，舍利弗才可能給他這種具有最大效益的指導。

命終轉生兜率天

在如此向給孤獨建議之後，兩位長老便離開。不久之後，給孤獨長者便命終轉生兜率天，他的么女已早他一步住在這裡。由於虔信佛陀與僧伽，他以年輕天神之身，威光赫赫地出現在祇園精舍。他走向佛陀，向他禮敬之後，說出以下偈頌：

於此祇桓林，

仙人僧住止，

法王亦住此，

增我歡喜心。

深信淨戒業，

智慧為勝壽，
以此淨眾生，
非族姓財物。

因此有智者，
為自身利益，
應細察佛法，
於此得清淨。

大智舍利弗，
正念常寂默，
閑居修遠離，
初建業良友。

說完之後，天神頂禮世尊，右繞三匝，消失不見。

隔天佛陀告知僧眾發生之事。阿難立即說：「這位年輕天神一定是給孤獨，因為給孤獨長者對舍利弗尊者充滿信心。」

佛陀告訴阿難：

善哉，善哉！阿難！只要依思擇而得，即由彼而得。那年輕的天神即是給孤獨。 (SN 2:20; MN 143)

第三部

善說法的在家弟子典範
質多長者

何慕斯・海克／撰

第一章

在家弟子的典範

有一次，佛陀為了比丘們的利益，曾列舉二十一位著名優婆塞(upāsaka，或譯為「近事男」、「信士」)的名字，他們都已證得解脫的道與果。這個表列中的第四位是靠近舍衛城之摩又止陀(Macchikāsaṇḍa)的質多(Citta)長者。

另一次，世尊對比丘們說：

> 若有善女人要勸誡鍾愛的獨生子，她會毫不遲疑地說：「我親愛的兒子！你應該像質多(Citta)長者或阿羅毘(Ālavi)的呵多（Hatthaka，古譯爲象童子）長者！」——因爲這兩個人是在家信眾的榜樣與模範。
>
> (此外她會說：)「但我親愛的，如果你要出家去過比丘的生活，你則應該像舍利弗與目犍連！」——因爲他們是比丘弟子的榜樣與模範。 (SN 17:23)

由此可見，佛陀強調虔誠在家弟子應發願像質多與呵多一樣，而虔誠比丘則應發願效法舍利弗與目犍連。在此為在家

弟子與僧伽設定了不同的模範，在家信徒是選擇在家弟子，而非比丘作為模範；比丘則應選擇比丘，而非在家弟子。

兩種生活模式相當不同，依據自己的背景去選擇榜樣，必然更有效。在家弟子若希望像舍利弗一樣，就應穿上僧袍；但如果想在生活中以居士身分貫徹佛法，就應尋求以質多或呵多為模範。

第二章

善說法的質多長者

在列舉他的「第一弟子」時，佛陀提到三個人在解說佛法上
最為傑出：富樓那・彌多羅尼子(Puṇṇa Mantāṇiputta) 比丘、
達摩提那(Dhammadinnā，意譯為「法施」)比丘尼與質多長
者(AN1, chap. 14)。在記載中，沒有其他在家弟子在這方面如
此擅長。

這位善說法的老師、佛教在家弟子模範的質多長者，是個擁
有一整個彌伽巴塔迦村(Migapathaka)，以及旁邊一大片庵婆
達迦樹林(Ambātakavana) 的富商。他將此林獻給僧伽，在那
裡蓋了一座大寺，許多比丘經常住在那裡。他對世尊的奉
獻，被解釋為他在前世中就曾是菩薩的僕人，並追隨他出家
(Jāt. 488)。這個虔誠優婆塞至少有十一項事蹟，可以從中拼
湊出他鮮明的人格。

寬恕嫉妒的須達摩尊者

質多特別欣賞須達摩(Sudhamma)尊者，在邀請其他比丘之

前，總會先知會他。有一天，舍利弗、目犍連、阿那律、阿難與其他幾位睿智而博學的長老，在遊行途中抵達摩叉止陀。質多馬上去找他們，舍利弗為他作了一場深入的開示，他因此證得一來果，當下立即邀請這些聖眾隔天到他家用餐。之後他才想到這次忘了先通知須達摩，於是趕緊讓他知道這次邀請。

當須達摩尊者得知此事時，他心生嫉妒，並嚴厲斥責質多未事先告訴他。雖然質多誠摯地邀請他接受供養，他卻輕蔑地拒絕。質多再三懇請，卻都無效。他心想須達摩的頑固，和他的行為與行為的果報無關，於是便回家，愉悅地籌備起這項盛事。

然而，隔天須達摩尊者無法讓自己置身事外。他若無其事地加入集會，並稱讚質多招待的豐盛與精緻。但他酸溜溜地補充說：「餐後再來個鮮奶油蛋糕才是真正的圓滿。」質多回答，他朋友的諷刺行為讓他想起過去聽過的一個故事。有些他認識的人曾飼養過一隻鴉與母雞所生的混種，這隻幼雛深受古怪的缺陷所苦。每次牠想像公雞般啼鳴時，卻叫得像隻鴉；而當牠想學鴉叫時，卻又像公雞般啼鳴。

質多想藉由這個故事，說須達摩不僅未作好比丘的本分事，也失去在家人應有的禮貌。對比丘來說，因為嫉妒而拒絕邀請本來就不對，而批評食物更非在家人的作客之道。須達摩

惱羞成怒，想要離開。於是質多提出要在他的餘生中都護持
他，但這比丘拒絕他的提議。接著質多親切地請他去拜訪佛
陀，說出他所發生的事。當須達摩拂袖離去時，質多對他
說：「後會有期。」

佛陀對須達摩說：「愚人！你所作的事不合宜、不恰當與失
禮，並非沙門之道。你怎麼能刻薄地侮辱、輕蔑一位虔誠而
忠實的在家弟子──僧伽的施主與護持者呢？」在僧團開會
討論後，決定須達摩應拜訪質多長者，並請求他原諒。

須達摩於是出發，但抵達摩又止陀時，他感到很尷尬，無法
勉強自己去道歉。因此他又回頭，並未去見質多。當同修比
丘們問他是否盡到義務，並得知他並未如此做時，便去稟告
佛陀。大師於是建議另一位比丘陪須達摩一同去完成這項困
難的差使，這樣就沒問題了。須達摩請求質多原諒，質多也
寬恕了他。❶

質多向比丘們請法

包含在《質多相應》(*Citta Saṃyutta*)中的經典共有十篇，三篇
是質多向比丘們提問，三篇是比丘們問質多，四篇和個人事
件有關。

什麼是界差別？

有一次，質多邀請在寺院遇見的一群長老比丘到他家應供。用餐後，他請戒臘較長的比丘解釋佛陀所說的界差別。

這位長老無法解釋，在二度與三度請求都徒勞後，最年輕的伊師達陀(Isidatta) 比丘，請求准許回答質多的問題。長老同意，於是大迦旃延尊者①的學生伊師達陀，在十八界——六根、六境與六識②的基礎上，清楚解釋界差別。

之後，這些比丘就離開了。在回寺途中，資深比丘稱讚年輕伊師達陀比丘的傑出解說，並說下次在類似的場合，他應毫不遲疑地發言。長老的心中並無嫉妒，反之他對年輕同伴的成就與了解深度，感到同情的喜悅(muditā)；而伊師達陀這方面則無慢心，因此兩者都符合僧伽生活的理想(SN 41:2)。

「世間」與「我」的邪見從何生起？

另一次，質多問：「對於『世間』與『我』的邪見從何生起？」他請求解釋佛陀在偉大《梵網經》(*Brahmajāla Sutta*)③中教導的這個主題。資深比丘再次不懂此事，並再次由伊師達陀回答。他說，邪見一定是由「身見」生起。

質多於是進一步問「身見」從何生起，伊師達陀回答，未修聖法的異生凡夫，執著五蘊實體為「我」或「我所有」。因此，他持續在無常與空的現象——色、受、想、行、識上，

製造自我的假象。

質多對此開示感到很高興，並問伊師達陀來自何處。「從阿槃提(Avantī)的城鎮來，」伊師達陀回答。質多不知道他的名字，接著便問他是否知道那裡有個伊師達陀，他過去常和他通信，向他解釋佛法，並鼓勵他出家。由於他不知道後來如何，因此想問這件事。他從未看過伊師達陀，如今他極為歡喜地得知他從前的筆友，已經真的出家，且現在就坐在他的面前。他請求能有榮幸護持他，伊師達陀雖然感謝這個慷慨的提議，但仍拒絕他，並離開此地，永遠未再回來(SN 41:3)。

註釋書中並未解釋伊師達陀忽然離開的動機，似乎他比較喜歡隱姓埋名，如今身分已在和質多的談話中被揭開，因此覺得不適合再留在此地。他已達到阿羅漢果，關於他的其他資料，就只有和五蘊有關的一首簡短偈頌(Thag. 120)④。

與「行」有關的抽象問題

第三個場合，質多是發問者，由迦摩浮(Kāmabhū)比丘回答。質多提出三種行(saṅkhārā)⑤，以及與行滅有關的至少十一個抽象問題(SN 41:6)⑥，這些和優婆夷毘舍佉問達摩提那比丘尼的問題一樣(MN 44)。

比丘們向質多問法

渴愛是束縛六根與六境的結

質多的第一次談話見於回答一些資深比丘所提出的問題，他們在結束用餐後，一起坐在寺院走道，討論「繫縛」（或譯為「結」）與感官所緣的對象是否相同的問題。有些人說它們相同，有些人則說不同，質多恰巧在場，便加入他們。

當受邀評論時，他說在他的見解中，兩者在名相或意義上都是不同的。就如兩隻牛，白牛不是黑牛的繫縛，黑牛也不是白牛的繫縛，但兩隻牛都被同一條繩子或軛帶所繫縛。因此，六根沒有力量束縛外境，而外境也沒有力量束縛六根，但它們都受到渴愛的牽制。比丘們很高興這位博學在家弟子的回答，並說質多一定擁有洞見佛陀深奧教法的慧眼(SN 41:1)。

相同的比喻也被舍利弗與阿難用在其他兩個不同的場合(SN 35:191, 192)。它確切的涵意，佛陀曾作過清楚的解釋(SN 35:109, 122)，他說六根與六境都是被繫縛的事物，而渴愛或欲貪才是束縛它們的結。這是個思惟的重點，如此才能避免無謂地對抗外六境與內六根，因為束縛我們的是內在的欲與貪，而非六根與六境。譬喻巧妙地將黑色用於六內處，因為主題是不明的；而將白色用於六外處，因為對象是明顯的。

無結的人已渡河

第二次談話顯示出質多是個老師，從迦摩浮比丘誦一首佛陀所說的莊嚴偈頌開始，他請質多說明它：

> 無瑕馬車以一軸，
>
> 與白色頂篷運轉。
>
> 見彼來清淨無垢，
>
> 無結此人已渡河。❷

質多首先想知道這首偈頌是否為佛陀所說，迦摩浮證實此事。顯然，對質多來說，只有佛陀的說法才值得深入思惟。然後經過短暫思惟之後，他說：「馬車」(ratho)是指在「運轉」(vattatī)的身形；「一軸」(ekāro)是正念(sati)；將各部分平順地組合在一起的是戒；「白色頂篷」(seta-pacchādo)是解脫。因此，阿羅漢（「彼來」，āyantaṃ）「無垢」(anīghaṃ)與「無結」(abandhanaṃ)，已經「渡河」(chinnasotaṃ)；他已斷除貪、瞋與痴，並解脫渴愛之海。

迦摩浮於是對質多說，他有資格被稱為是快樂與幸福的，因為他已具備解釋佛陀深奧說法的慧眼(SN 41:5)。

四種解脫的名相與意義

第三件事提到一段對話，其中瞿達陀(Godatta, Thag. 659-672)
比丘請質多解釋此爭議：無量心解脫、無所有心解脫、空心
解脫與無相心解脫只是名相不同，而意義相同；或名相與意
義都不相同。❸

質多回答，根據所依的觀點，它們可被理解成相同或不同。
當被理解成不同種類的暫時解脫時，它們在意義與名相上都
不相同。當被理解成究竟解脫的不同面向時，它們只是名相
不同，而意義卻相同。

當意義與名相都不同時，無量心解脫是四梵住(brahmavihāra)
⑦，無所有心解脫是第三無色定⑧，空心解脫⑨是內觀無我，
無相心解脫⑩是涅槃的禪定經驗。

當意義相同，而只有名相不同時，這四者都是指阿羅漢斷除
貪、瞋、痴的不動解脫(SN 41:7)⑪。

原註

❶ 出處：Vin. 2:15-18。

❷ Nelango setapacchādo, ekāro vattatīratho
Anīgham passa āyantam chinnasotam abandhanam
這首偈頌是在Ud. 7:5中所說，和跋提（Bhaddiya，意譯「侏儒」）尊者有關，他
是個身形醜陋與畸形，具有神通的阿羅漢。

❸ 這些術語的巴利原文為：
appamānā cetovimutti,

āki▯ca▯▯ā cetovimutti,

su▯▯atā cetovimutti,

animattā cetovimutti.

譯註

① 大迦旃延尊者：佛陀推崇大迦旃延尊者為詳述他略說法義能力第一的弟子，他的論說著重於義理內涵，直指法義的核心。身為「法」的分析者，大迦旃延非常類似於舍利弗尊者，兩者的論說有相似之處。詳見巴利佛典【佛陀的聖弟子傳】(3)《阿那律‧迦旃延‧央掘摩羅‧質多比丘》。

② 十八界是六根——眼界、耳界、鼻界、舌界、身界、意界；六境——色界、聲界、香界、味界、觸界、法界；六識——眼識界、耳識界、鼻識界、舌識界、身識界、意識界。「界」就是保持自己，十八界就是十八種各有界域的界別，以三個為一組，依根、緣境、發識三和合，由認識關係而成立。

③ 《梵網經》(Brahmajāla Sutta)：本經是記述古代印度思想界狀況的重要資料。經中所描述的外道「六十二見」，指的是圍繞「我」和「世間」而展開的六十二種見解。其中，依過去世而起的見解有五類十八種，依未來世而起的見解有五類四十四種。經名中的「梵網」，意指如漁夫以網捕魚般，將外道的一切見解一網打盡。

④ 伊師達陀的那首簡短偈頌是：「五蘊已了知，其根已除斷。無苦亦無漏，羅漢得涅槃。」

⑤ 三種行：即指身行、口行與心行。「身行」即出入息，因出入息為繫縛於身者，所以出入息是身行。「口行」即尋、伺，因尋、伺於先而後發語，所以是口行。「心行」即想與受，因兩者屬於心，為繫縛於心者，所以是心行。

⑥ 與行滅有關的問題是：（一）如何入滅受想定？（二）入滅受想定時，先滅三種行中的哪一法？（三）如何是從滅受想定出定？（四）從滅受想定出定時，先生起三種行中的哪一法？（五）從滅受想定出定時，觸幾種觸？（六）從滅受想定出定已，心何所傾、何所趣、何所順？（七）有幾種受？（八）什麼是樂受、苦受、與不苦不樂受？（九）樂受者、苦受者、不苦不樂受者以何為樂、以何為苦？（十）樂受、苦受、不苦不樂受以何隨眠隨使之？（十一）一切樂受皆貪隨眠隨使之？苦受皆瞋隨眠隨使之？不苦不樂受皆無明隨眠隨使之？（十一）樂

受、苦受、不苦不樂受應捨離什麼？（十二）一切樂受皆應捨貪隨眠？苦受皆應捨瞋隨眠？不苦不樂受皆應捨無明隨眠？

⑦ 四梵住（brahmavihāra）：即慈、悲、喜、捨四無量。因為梵天界諸天的心常安住在這四種境界，所以稱為「梵住」。又因為在禪修時必須將之遍及十方一切無量眾生，所以也稱為「無量」。慈梵住是希望一切眾生快樂；悲梵住是希望拔除一切眾生的痛苦；喜梵住是隨喜他人的成就；捨梵住是無厭惡而平等地對待他人的心境。

⑧ 第三無色定：即無色界定的第三禪定——無所有處定，入此定者是取「不存在」或「無所有」為目標，通過專注該心的不存在，緣取第一無色禪心的不存在或無所有的概念，而生起無所有處定。

⑨ 空心解脫是觀照無我，而達「我、我所有空」，與「空世間」的意義一致。

⑩ 無相心解脫：或作「無相心三昧」，不但不作意一切相，且要作意於無相，無相界即無相寂靜的涅槃。

⑪ 四種解脫如約意義相同來說，無量、無所有、無相三種心解脫，修到最第一的是不動心解脫，它是指染欲空、瞋恚空、愚癡空，也就是空心解脫。離一切煩惱的不動心解脫，就是阿羅漢的見法涅槃，即貪、瞋、癡的滅盡。所以四種心解脫的共同義，就是貪、瞋、癡空的心解脫。

第三章

與質多長者有關的事件

摩訶迦施展神通

在別處，提到和個人比較有關的事件。有一次，一些比丘在他家應供後，質多陪他們走回寺院。那天天氣很熱，他們汗如雨下。其中最年輕的摩訶迦(Mahaka)比丘對較年長者說，來陣風或雨一定會很受歡迎。這話聽起來平淡無奇，但其實它別有涵意，能施展神通的摩訶迦正請求被准許這麼做。當他真的召來雨令同伴們清涼一下時，質多深受震撼，特別是由於摩訶迦還很年輕。

因此，在寺院中，他請摩訶迦再次表演神通力。也許因為質多是第一次看見這種超自然的事蹟，他對此當然感到很好奇。摩訶迦同意了，他將一件外衣與一捆乾草置於走廊上，然後進屋並關上門。他從鑰匙孔發出一道劇熱的光束，將那捆稻草化成灰燼，卻沒有損及外衣。

質多滿懷熱忱，提議要護持摩訶迦一輩子。然而，一如伊師達陀，摩訶迦寧可離開此地，永遠不再回來(SN 41:4)。比丘

們被禁止為了取悅在家人而施展神通力(Vin. 2:112)。摩訶迦很年輕，這些神通對他還很新鮮有趣，因此無法抗拒質多的請求；但事後他立即警覺，並做了正確的事，永遠離開。

耆那教教主的挑戰

質多的城市不只有比丘來訪，也有其他教派的沙門。其中之一是耆那教的教主尼乾陀·若提了(Nigaṇṭha Nātaputta)。質多也去拜訪他，因為他不願對其他教派示弱，且勇於接受辯論的挑戰(SN 41:8)。若提子想知道質多是否相信佛陀所說有「無尋無伺定」①，質多回答不相信有這種事，若提子本來就很想將這位著名的質多納入自己的門下，因此很高興這個回答。「說得好！」他大叫，並接著解釋自己的信念，要阻止意念之流就像要徒手阻斷恆河一樣困難。「不可能讓尋與伺止息。」他說。

然而，若提子並未正確理解質多的意思。質多以反問回應：「尊者！你認為相信與知道何者較好？」「知道。」若提子回答。接著質多解釋，他自己已經歷過所有禪定，其中後三者（第二禪到第四禪）確實是無尋無伺的。因此對他來說，那已不是相不相信的事，而是從直接的經驗知道佛陀的說法是正確的。

於是若提子嚴厲責備他第一次回答的形式。質多則抗議他第一次被稱讚為智者，而現在則被稱為愚人。兩種意見中只有一個可能是真的，因此究竟若提子是如何看他？

但質多沒有獲得回答，若提子寧可保持沈默。這件事顯示出，即使著名的思想家也會陷入前後矛盾中，尤其當他們的自尊受到傷害時，而若提子更自稱超越思想家的層次。他過去一直無法達到較高的禪定，因此才會武斷地認定它們是虛構的。

如今，有個完全值得信賴的人說他已確實達到這些禪定，這證明他自己的理論是站不住腳的，以及自己的境界尚不如人。若提子長期以來都修習極端苦行，而質多卻還在過在家生活，這事實一定更加深了他的懊惱。所以若提子會陷入困惑中，也就不難了解了。

與裸形行者的對話

第三件提到的個人遭遇，是介於質多和裸形行者迦葉之間 (SN 41:9)。這位行者是質多家的一個老朋友，因此當他多年之後首次返回老家時，便去拜訪質多。質多問他過苦行生活多久了。「三十年，」他說。質多接著問他是否已達到超凡的喜悅與智慧。迦葉回答：「不！我每天就只是裸體、剃

頭，打掃我的座位。」那就是他的生活。

接著換迦葉發問。質多成為佛陀在家信徒多久了。「三十年。」質多回答。他已達到聖果了嗎？「嗯！」質多說：「我確定已經歷過四種禪，且如果我先佛陀而死，他會說已沒有任何欲界的結使②會再束縛我。」

迦葉很清楚，這意味著質多已是個不來者，已達到四個覺悟階段中的第三個。這位行者因嚴厲的苦行而憔悴，驚訝於在家人竟能達到如此高的成就。平心而論，在佛教中，在家人就可能達到這樣的成就，那麼比丘的成就一定更高，於是他請質多幫助他加入佛教。他隨即被僧團接受，且在不久之後，就達到阿羅漢果。

質多的另外三個朋友在經過那種討論之後，也都出家成為比丘。他們是須達摩、瞿達陀與伊師達陀。伊師達陀前面提到過，曾經和質多通過信。他們三人後來都達到究竟解脫，將質多這位在家人拋在後面。

拒絕來世成為轉輪聖王

最後一件質多的記載，是關於他死亡的情況(SN 41:10)。當他生病時，天神們出現在面前，勸他發心來世成為轉輪聖王。❶質多拒絕了，他有更高的目標，比那個更清淨與平靜。他

正在追求無為——涅槃，在建議質多成為轉輪聖王時，這些天神一定不知道他的成就，那已令他不可能再回到人間。他已經超越欲貪的誘惑，那是將眾生束縛在人間的結使。

他的親戚們由於看不到天神們，猜想質多已神智不清了。他請他們放心，並解釋他正在和無形的眾生們談話。然後在他們虔誠的請求下，他給天神們最後的建議與忠告，他們應永遠信賴佛陀與他的法，並堅定不移地布施聖僧伽。

就這樣，這個佛陀的在家聖弟子，留給後人們最佳的行為典範，他自己畢生都奉行那些作法，並達到如此光榮的成就。

這些典範帶領他從欲界之苦中解脫，趨向涅槃，究竟苦邊。

原註

❶ 轉輪王（cakkavatti-rājā）是佛教典籍中的理想君王，他的統治是建立在正義的基礎上。

譯註

① 尋(vitakka)：是將心投入或令它朝向所緣的心所；伺(vicāra)是保持心繼續專注於所緣上的心所。在禪修時，尋的特別作用是對治昏沉睡眠蓋，伺則對治疑蓋。尋如展翅起飛的鳥，伺則如展翅於天空滑翔的鳥。尋與伺的作用強，心可長時間安住於所緣，而達到初禪。在第二禪至第四禪中則無尋與伺。

② 結使：結與使都是煩惱的別稱。煩惱纏縛身心，結成苦果，故稱結；驅使眾生沉溺於苦海，故稱使。

第四部

解脫道上的法侶

諾酤羅長者父與諾酤羅長者母

何慕斯・海克／撰

第一章

清淨和諧的婚姻生活

菩薩的前世父母

孫須摩羅山城（Suṃsumāragiri，意譯「鱷魚山」）位於恆河谷中的婆祇國(Bhaggas)，世尊曾在此度過他四十五個說法雨季中的一個(MN 15)。

有一次，當佛陀走在這城市的街道上時，一個市民頂禮他的雙足並哭道：「我親愛的兒子！你為什麼一直都不來看我們？現在請來我們家，讓你的老母親也可以看看你！」

這個人並沒有發瘋。事實是，他與妻子在前世中曾不只一次是菩薩的父母，而是有五百次之多，還有更多次是他的叔叔、嬸嬸與祖父母。他一直殘存一個模糊的記憶，而在他看到世尊時，一切回憶瞬間浮現，令這個老人控制不住自己。即使到了今天，這種事還是有時會在亞洲國家中發生。

理想中的配偶

這個老人是長者諾酤羅父(Nakulapitā)，他的妻子則被稱為諾酤羅母(Nakulamātā)。他們一起被佛陀列在「第一」在家弟子中，特別是由於他們對彼此的堅貞。在巴利藏經中，有關他們的簡短故事，是描述他們如天神般崇高的夫妻之愛，以及建立在對世尊共同信仰基礎上的絕對信心。

當佛陀受邀去他家時，諾酤羅父向他描述他們的婚姻。雖然他很年輕就結婚，但這麼久以來不曾背叛過妻子，連想都沒想過，更別說是去做。諾酤羅母也作了同樣的宣示，夫妻雙方都不曾有一刻背棄彼此的忠誠。

在奉獻的過程中，兩人都表示希望來世能再在一起，他們問世尊要如何做才能實現這願望 (AN 4:55)。佛陀並未排斥這問題或批評他們的心願。他回答：

> 如果夫妻想要在此世和樂相處，並在來世再相聚，他們應培養相同的正信、正戒、布施與智慧。如此一來，他們在來世就能再相遇。

佛陀並說出以下的偈頌：

雙方忠實與寬大，
自制且具正行時，
彼等相聚為夫妻，
充滿愛意對彼此。

一路招來多福氣，
彼等共住快樂中，
當兩人皆持戒時，
彼等敵人徒嘆息。

如法住於此世間，
同樣持戒與布薩，
死後喜生於天界，
享受豐盛之悅樂。

一個具有崇高心願的男人，如何和他的女伴一起受戒律保護，佛陀在其他地方也有解釋。在此他說配偶雙方不只持守五戒，更要超越，並在此之上——他們是正直與淨心的；當別人求助時，他們絕不拒絕，且永不輕視或侮辱沙門、婆羅門(AN 4:54)。

從這些話中我們不難看出，理想中的配偶應該如此：不只虔

信宗教，更要有足夠堅定的心，並從日常生活瑣事與一切低下與基本的事物中離染。經典中常說到，白衣居士不拒絕別人的請求，且輕易就能放棄自身的欲望或歡樂，這顯示對人與事離欲——一種放下與捨棄的能力。由此會產生內心的自由，那是培養智慧充分與必要的基礎。行動上的戒，意志上的出離，以及心中的智慧——這些因素一起構成和諧與仁慈的人生。

婚姻生活和諧的先決條件

關於輪迴，以及獲得一個有利轉世方式的知識，在那時的印度是很普遍的。在諾酤羅夫妻的例子中，由於他們事實上記得自己的一些前世，因此無須對此多作說明。世尊簡明的回答正是他們所需要的。

對於和諧婚姻生活的先決條件，佛陀在《豺狼教誡經》(*Sigālovāda Sutta*, DN 31)中有更詳細的解釋。 ❶經中說丈夫——有責任的主動者——應以五種方式對待妻子：他應尊敬她；他不應輕視她；他應對她忠誠；他應賦予她掌家職權；他應盡自己所能提供她一切必需品與裝飾品。

如果他如此表現自己，妻子會以照顧他的所需為榮；這個家會很平順；她將謙虛地對待訪客與僕人；她將忠實；她將保

護他的財產，並善巧與盡職地完成她的工作。

原註

❶ 見那難陀長老(Nārada Thera）著，《每個人的倫理學》(*Everyman's Ethics*, BPS, Wheel No. 14, 1985）。

第二章

互爲良師益友的夫妻

停止執著才能解脫

諾酤羅夫妻不只考慮一個有利的轉世，他們也關心人世的公義與深入的存有問題。有一次，諾酤羅父問世尊，為何有些人達到解脫，有些人則否。佛陀的回答是：

> 凡是執著感官認知對象者，無法得到解脫，而一切停止執著者將會解脫。 (SN 35:131)

這回答非常精簡，只有精通佛法者才能完全理解，但諾酤羅立刻就掌握它的涵意。

努力追求智慧以克服死亡

另一次，諾酤羅父去禮敬世尊。他說如今已年老體衰了，難得有機會看見世尊，佛陀可否出於慈悲給他一句心靈箴言，

供他修持與珍藏？佛陀回答：

> 身體受制於疾病與衰老，即使在最好的情況下也是個負
> 擔。因此人們應該如此訓練自己：「雖然我的身軀生病，
> 但我的心不應該生病。」

不久之後，諾酤羅遇見舍利弗尊者，舍利弗對他說：「長
者！你的舉止平靜，相貌安詳，你今天是否有從大師那裡聽
聞佛法開示？」

「正是，」諾酤羅回答：「世尊今天以甘露法語安慰我。」舍
利弗聽他說完之後，對佛陀簡明的話語作了一個完整的解
釋，說明藉由不認同五蘊為「我」，以克服身體的疾病。大限
到時——它是無可避免的——事物的消逝會變得很明顯，但
修行者不會絕望，而是以平常心冷靜地看待。他的身體會凋
零，但心將保持完好(SN 22:1)。

不只諾酤羅父努力追求智慧以克服死亡。他的妻子在這方面
和他一樣，這由另一件事可以看出(AN 6:16)。當她丈夫罹患
重病時，諾酤羅母如此安慰他：

> 別因爲放心不下我而憂愁，像那樣死亡會很痛苦，因此大
> 師已勸我們別那麼做。有六個原因你無須擔心我：我擅長

紡紗，因此能扶養子女；在和你過了十六年貞潔的在家生活後，我不會再考慮改嫁；我不會停止謁見佛陀與比丘們，反而會比以前更常去拜訪他們；我安住在戒中，已達到心的平靜；最後，我對於佛法已生起堅定的信心，並朝究竟解脫邁進。❶

受到這些話的鼓舞，諾酤羅父又恢復健康。他一旦能走路，就去找佛陀，並重述妻子的話。於是世尊證實，擁有這樣的妻子真的是一種福氣。他說：「長者！你真有福氣，擁有諾酤羅母這樣的良師與益友，她掛念與關心你的福祉。諾酤羅母確實是位持戒圓滿、修心不動與安住於法中的白衣信女。」

在家與出家都需要出離的行動

對於調和看似矛盾的兩種生活傾向：一方面是夫妻之間的深情，另一方面是追求解脫，在此給了一個解決方案。以同情的心理看故事中的諾酤羅夫妻，我們可能會覺得，婚姻生活既然能達到這種境界，那麼就可以不需要出離的生活了，或甚至能同時貪著與捨離。

但如果能看得更仔細一點，便會發現要忠實地遵循這對清淨夫妻所過的生活並不容易。光是關心與掛念配偶並不夠，婚

姻生活的貞潔伴侶關係不容被忽視。配偶並非在年輕時過滿足性慾的婚姻生活，到了老年性趣缺缺時才沒有身體的接觸，而是在更早以前就主動過獨身生活。在諾酤羅夫妻的例子中，他們已過了十六年沒有肌膚之親的生活，就如世尊所證實他們的話一樣。

因此想要追求解脫道者，得先做個決定：是留在家庭環境中，嘗試提前斷慾，或出家成為僧團一員，有足為榜樣的梵行道侶為伴。從無可匹敵的凡夫導師——佛陀，就是僧團之首的事實來看，這個決定並不是那麼困難。但時至今日，那些覺得自己不適合僧團生活者，可能也缺乏在婚姻生活中斷慾以專心於解脫道的魄力。這兩種生活方式，都需要出離的行動。

原註

❶ 從「過貞潔的在家生活」(gahaṭṭhakaṃ brahmacariyaṃ samācinnaṃ) 這句話，她指出他們在這段時間都沒有性生活。而從最後一句話，顯示她已證得入流果的成就。

《佛陀的聖弟子傳》各冊文章的原作出處

〈佛法大將：舍利弗〉，向智長老撰。初次發行名稱為〈舍利弗傳〉，佛教出版協會《法輪叢刊》，第90/92號(1966)。

〈論議第一：迦旃延〉，菩提比丘撰。初次發行為佛教出版協會《法輪叢刊》，第405/406號(1995)。

以下傳記皆由何慕斯‧海克撰，從德文譯成英文：

〈神通大師：目犍連〉，向智長老譯。初次發行名稱為《大目犍連》，佛教出版協會《法輪叢刊》，第263/264號(1979)。

〈僧伽之父：大迦葉〉，向智長老修訂與擴增翻譯。初次發行為佛教出版協會《法輪叢刊》，第345號(1987)。

〈佛法司庫：阿難〉，愷瑪(Khemā)尼師翻譯。初次發行為佛教出版協會法《法輪叢刊》，第273/274號(1980)。

〈天眼第一：阿那律〉，向智長老修訂與擴增翻譯。初次發行為佛教出版協會《法輪叢刊》，第362號(1989)。

〈佛陀的偉大女弟子〉，愷瑪尼師翻譯。初次發行名稱為〈佛陀時代的佛教婦女〉(*Buddhist Women at the Time of the Buddha*)，佛教出版協會《法輪叢刊》，第292/293號(1982)。

接下來的故事是本書新增的：〈佛陀的第一女施主：毘舍佉〉（佛瑞嘉德‧羅特摩瑟Friedgard Lottermoser翻譯，菩提比丘增編）；〈慷慨的交際花：菴婆波利〉、〈師利摩與鬱多羅〉與〈伊師達悉：結束輪迴的旅程〉（阿瑪迪歐‧索爾‧雷瑞斯Amadeo Sole-Leris翻譯）。

〈從殺人犯到聖者之路：央掘摩羅〉，向智長老擴增翻譯。初次發行為佛教出版協會《法輪叢刊》，第312號(1984)。

〈佛陀的第一施主：給孤獨長者〉，在向智長老監督下翻譯。初次發行名稱為《給孤獨：偉大的布施者》，佛教出版協會《法輪叢刊》，第334號(1986)。

〈一些弟子的短篇傳記〉，根據慕迪塔‧艾柏特(Mudita Ebert)之翻譯改寫。初次發行為佛教出版協會《法輪叢刊》，第115號(1967)。

巴利原典之翻譯除非特別指出，皆各別作者所作。偈頌之翻譯除非特別指出，皆由菩提比丘完成。

譯註

① 佛教出版協會（Buddhist Publication Society，簡稱BPS）：位於斯里蘭卡康提市（Kandy）。《法輪叢刊》（*The Wheel*）由其發行。

國家圖書館出版品預行編目資料

佛陀的女弟子與在家弟子們／向智長老 (Nyanaponika Thera),何
慕斯·海克 (Hellmuth Hecker) 著；菩提比丘 (Bhikkhu Bodhi) 編
輯；賴隆彥譯. -- 初版. -- 臺北市：橡樹林文化出版：家庭傳
媒城邦分公司發行, 2005[民94]
　　面；　公分. -- （善知識系列；JB0024）
（巴利佛典佛陀的聖弟子傳；4）
　　譯自：Great disciples of the Buddha : their lives, their works,
their legacy
　　ISBN 986-7884-41-8（平裝）

　　1.佛教－傳記

229.2　　　　　　　　　　　　　　　　　　94002896

善知識系列 JB0024

佛陀的女弟子與在家弟子們

作者	向智長老（Nyanaponika Thera）、何慕斯·海克（Hellmuth Hecker）
英文編輯	菩提比丘（Bhikkhu Bodhi）
譯者	賴隆彥
特約編輯	釋見澈、鐘苑文
封面設計	A⁺design
內頁版型	舞陽美術·吳家俊

總編輯	張嘉芳
編輯	劉昱伶
業務	顏宏紋
出版	橡樹林文化
	城邦文化事業股份有限公司
	104台北市民生東路二段141號5樓
	電話：(02)2500-7696　傳真：(02)2500-1951
發行	英屬蓋曼群島商家庭傳媒股份有限公司城邦分公司
	104台北市中山區民生東路二段141號2樓
	客服服務專線：(02) 2500-7718；2500-1991
	24小時傳真專線：(02) 25001990；25001991
	服務時間：週一至週五上午09:30 ～ 12:00；下午13:30 ～ 15:00
	劃撥帳號：19863813　戶名：書虫股份有限公司
	讀者服務信箱：service@readingclub.com.tw
香港發行所	城邦（香港）出版集團有限公司
	香港灣仔駱克道193號東超商業中心1樓
	電話：(852) 25086231　傳真：(852) 25789337
	E-mail：hkcite@biznetvigator.com
馬新發行所	城邦（馬新）出版集團【Cité (M) Sdn. Bhd. (458372U)】
	41, Jalan Radin Anum, Bandar Baru Sri Petaling,
	57000 Kuala Lumpur, Malaysia.
	電話：(603) 90578822　傳真：(603) 90576622
	E-mail：cite@cite.com.my
初版一刷	2005年4月
一版七刷	2022年3月

ISBN 986-7884-41-8
定價：260元
版權所有·翻印必究（Printed in Taiwan）
缺頁或破損請寄回更換。